Meike Rensch-Bergner
Abschaffung der Problemzonen

Die Autorin

Meike Rensch-Bergner schreibt seit mehr als zehn Jahren über Körperakzeptanz, Feminismus und DIY. Ihr erstes Buch *Das Uschi-Prinzip* wurde 2004 zum Bestseller. 2015 war sie Teilnehmerin der Sendung *Geschickt eingefädelt* auf VOX. Sie ist Autorin zweier Standardwerke über Schnittmusteränderungen für Hobbyschneiderinnen *(Passt perfekt, Passt perfekt Plus-Size)*.
In ihren Online- und Offlinekursen, Workshops und Vorträgen verbindet sie das Nähen der eigenen Bekleidung und die Schnittanpassung mit den Themen Stilfindung und Körperakzeptanz. Seit 2018 erscheint ihr Podcast *Passt*, in dem sie mit wechselnden Gästen die Zusammenhänge zwischen Körper, Kleidung, Politik, Feminismus und Handarbeit erforscht.
Mehr über Meike Rensch-Bergner auf ihrer Website `crafteln.de` und mehr zum Buch auf `abschaffungderproblemzonen.de`.

Meike Rensch-Bergner

Abschaffung der Problemzonen

Texte + Textilien

Links zu Internetseiten geben den Stand von März 2022 wieder. Für die Inhalte der Links wird keine Haftung übernommen.

Texte + Textilien Berlin
buecher@texte-und-textilien.de
Erste Auflage 2022

Umschlag: Claudia Benter, Berlin – www.claudiabenter.de
Lektorat: Constanze Derham
Korrektorat: Ralf Steinle, Berlin
Gesetzt aus der Montserrat und der Linux Libertine G
Druck und Bindung: CPI BuchBücher

ISBN: 978-3-948255-20-6

www.texte-und-textilien.de

Inhalt

Der Mantel

Am 20. Januar 2012 wurde mir klar, dass es möglich ist, die Problemzonen abzuschaffen.

Es brauchte zehn Jahre, bis ich verstand, was in diesem Moment passiert war. Bis ich verstand, dass mein Gefühl nicht nur für mich galt, sondern Resultat eines Systems ist, das uns alle betrifft und so vielen Menschen nicht guttut. Und es brauchte Jahre, bis ich die Puzzlestückchen zusammensetzen konnte und erkannte, dass die zerstörerische Energie, mit der ich mich selbst so lange gequält hatte, viel besser gegen dieses System gerichtet wäre, um etwas zu ändern. Ich beschloss, dass es Zeit ist, die Problemzonen abzuschaffen.

Am 20. Januar 2012 stand ich vor einem Spiegel und schaute ungläubig auf das, was ich sah. Nachdem ich zwei Tage lang an einem nicht ganz unkomplizierten Mantel genäht hatte, probierte ich ihn zum ersten Mal an. Es war der taillierte lange Mantel, von dem ich schon immer geträumt hatte. In meinen Träumen hieß er der Mary-Poppins-Mantel, obwohl ich gar nicht mehr genau wusste, wie der Mantel aussah, der sich Jahrzehnte davor beim Ansehen des Films in mein Gedächtnis gebrannt hatte. Im Spiegel sah ich, wovon ich lange geträumt hatte und was ich wirklich nicht für möglich gehalten hatte: Ich sah eine Frau, die in einem taillierten Mantel eine verdammt gute Figur machte. Obwohl ich noch genauso viel wog wie ein paar Minuten zuvor, sah ich etwas anderes: Ich war plötzlich nicht mehr dick! Das

Problem, eine dicke Frau zu sein, hatte sich in Luft aufgelöst, einfach, indem ich ein Kleidungsstück genäht hatte, das mir perfekt passte und mich ins Rampenlicht stellte, ohne mir die Show zu stehlen.

Ich muss ein bisschen ausholen, damit Sie besser verstehen, wovon ich rede. Als Frau bin ich es gewöhnt, aufgrund meiner äußerlichen Merkmale bewertet zu werden und mich selbst zu bewerten. Wir lernen als Mädchen früh, dass es eine Hierarchie unter Frauen gibt. Schönheit spielt darin die entscheidende Rolle. Die schönsten Mädchen sind die begehrenswertesten und geben oft den Ton an. Uns wird vermittelt: Das wichtigste Merkmal von Schönheit ist es, jung und schlank zu sein. Damit hatte ich die Verliererkarte gezogen. Als ältere und zudem noch dicke Frau konnte ich noch so seidig-glänzende Locken haben – in der Hierarchie der Frauen stehe ich als alte, dicke Frau ganz unten.

Selbst wenn Sie zehn, zwanzig oder vierzig Kilo weniger wiegen als ich, habe ich als dicke Frau vermutlich ganz ähnliche Erfahrungen gemacht wie Sie. Dicksein ist nicht das Problem, sondern sich dick fühlen! Solange Sie sich immer mal dick fühlen, sitzen wir im gleichen Boot. Vermutlich haben mir einfach die Menschen das, was sie über mich denken, unverblümter vermittelt als den Frauen, die näher am sogenannten Idealgewicht dran sind. Dicksein ließ mich wie durch ein Brennglas sehen, was auch dünne Frauen mitbekommen, denn alle Frauen werden leider viel zu oft auf ihr Aussehen reduziert.

Lange Zeit dachte ich, ich könne in der Frauen-Hierarchie aufsteigen, indem ich witzig bin oder klug oder mich besonders bei allem Möglichen anstrengte. Leider führte das immer nur kurzzeitig zum Erfolg. Dauerhaft konnte ich meinen Rang immer nur dann verbessern, wenn ich mich in eine mörderische Diät stürzte. Immer wenn ich mein bisheriges Leben aufgab, wenig aß und nur noch Sport trieb, sodass die Pfunde fielen und ich wirklich signifikant abgenommen hatte, wurde ich gelobt. Ganz unverhohlen versicherten mir Männer und Frauen, ja auch Menschen, die ich als Freund*innen betrachtete, diese Gewichtsabnahme hätte mich zu einem besseren Menschen gemacht. Alles, was ich sonst unternommen hatte, war zweitrangig. Frau kann Abitur machen, ein Menschenleben retten, Flugzeuge fliegen oder Bücher schreiben – alles Pillepalle, aber zwanzig Kilo abnehmen – Respekt!

In den Medien und auf Plakaten sehen wir nur schöne Menschen mit Normfiguren. Solche Menschen dürfen sichtbar sein. Das prägt sich uns ein, auch wenn es nicht mit Großbuchstaben darauf geschrieben steht. Mir ist schon lange klar, dass die Bilder bearbeitet sind und das gute Aussehen der Menschen möglicherweise ein Fake ist. Trotzdem verstand ich stets die Botschaft: Schön und dünn sein ist wertvoll, du kannst etwas dafür tun. Konsumiere und streng' dich an, dann kannst du alles erreichen. Mit der Zeit fand ich heraus, dass gut passende Kleidung mein Hilfsmittel ist, um Wettbewerbsnachteile auszugleichen. Im echten Leben hilft uns die Bildbearbeitung kein bisschen weiter. Wir müssen immerzu gut aussehen. Doch die Erkenntnis, dass ich gut gekleidet einen anderen Eindruck machte, wenn ich selbstbewusst oder möglichst passend dem Anlass entsprechend gekleidet war, war schließlich mein Game-Changer. Gute Kleidung katapultierte mich zwar nicht ganz weit nach oben auf der Sympathie- oder Hierarchieleiter, aber einige Stufen konnte ich damit überwinden.

Doch leider war es gar nicht so einfach, die Erkenntnis in die Tat umzusetzen und mit Kleidung einen neuen Menschen aus mir zu machen, denn perfekte Kleidung wächst nicht auf Bäumen. Auch Kleiderkauf kann zum Problem werden, nicht nur für dicke Frauen, aber besonders für alle, die keine jugendliche Normfigur (mehr) haben.

Für ein gutes Aussehen nahm ich viele Nachteile in Kauf. Kompromisse waren nicht die Ausnahme, sondern die Regel. Ich hatte so oft „Wer schön sein will, muss leiden" gehört, dass ich den dummen Spruch nichtmal infrage stellte. Als dicke Frau, die nicht in den normalen Geschäften einkaufen konnte, wurde es gang und gäbe für mich, Farben zu tragen, die ich nicht mochte, weil es in den Läden partout nichts anderes gab. Ich gewöhnte mich daran, Kleidung zu tragen, die etwas overstyled war, denn unter jugendlichen Outfits wurde in den Plus-Size-Läden etwas anderes verstanden, als ich mir vorstellte. Und ich gewöhnte mich daran, dass Kleidung schmerzt: Jahrzehntelang hielt ich die Luft an und beugte meine Schultern merkwürdig nach vorne, damit meine große Brust nicht die Bluse sprengte. Es war normal für mich, dass der Bauch weh tat, weil jede Hose, die einigermaßen knackig saß, am Bund so eng war, dass die Verdauung litt und die Haut wund wurde. Hohe Schuhe schmerzten mich noch mehr als dünnen Menschen – schließlich balancierte ich mehr Gewicht als andere auf hauchdünnen Absätzen. Meine Knöchel fanden das gar nicht toll, von den gequetschten Zehen ganz zu schweigen. Aber ich ertrug das alles, weil ich wusste, dass Schönheit das wichtigste Ticket im Leben einer Frau ist. Solange ich das Spiel mitspielen wollte, musste ich Opfer bringen.

Ich war für jeden Moment dankbar, in dem es mir gelang, einigermaßen so auszusehen, wie es die Situation verlangte. Denn ich wusste, dass das die kurzen Chancen im Leben waren, die ich nutzen musste, um gesehen zu werden, um zu zeigen, wer ich bin und was ich mitbringen konnte. Doch leider war es gar nicht so leicht, mich gut zu kleiden. Gut passende Kleidung für eine große Kleidergröße zu finden, ist ähnlich schwierig wie im

Lotto zu gewinnen. Es ist zugegebenermaßen im letzten Jahrzehnt etwas leichter geworden, denn durch das Internet stehen uns die Produktion und die Geschäfte der ganzen Welt offen. Aber einfach ist es noch lange nicht.

Mittlerweile weiß ich, dass nicht nur dicke Menschen dieses Problem haben. Die allermeisten Menschen haben Schwierigkeiten, genau das Passende zu finden. Wir müssen uns mit dem zufriedengeben, was in den Läden hängt und kaufen es mangels Alternativen, selbst wenn großen Frauen die Hosenbeine zu kurz sind oder kleine Frauen in der Kleidung schier versinken. Kleidung wird für ein Standardmaß produziert und Abweichungen werden bestraft. Pech gehabt. Selbst schuld, wenn Sie nicht zufrieden sind. Wahrscheinlich haben Sie nicht gründlich genug gesucht. Irgendwo auf der Welt muss es doch die perfekte Kleidung für Sie geben!

Aus diesem Grund war der Moment vor dem Spiegel, als ich zum ersten Mal einen Mantel trug, der nicht nur hervorragend passte, sondern meinen Körper so umspielte, dass dabei eine wirklich beeindruckende Sanduhrfigur sichtbar wurde, eine Offenbarung. Im Spiegel schaute mich keine dicke Frau in unförmigen Klamotten an, sondern eine attraktive Frau in einem Mantel, der wie angegossen passte.

Ich sah eine andere Frau. Ich sah mich mit anderen Augen, als mir klar wurde, dass ich das Problem mit eigenen Händen gelöst hatte. Das Kleidungsstück passte, weil ich es es für mich – und für keinen anderen Menschen sonst – genäht hatte. Ich hatte meine Maße, die Besonderheiten meiner Figur berücksichtigt. Statt diese Maße als „zu viel“ im Vergleich zur Normfigur zu bewerten und mich dafür zu schämen, hatte ich diese Informationen einfach dazu genutzt, etwas zu nähen, was mir passte. In Zeiten, in denen es normal ist, dass Kleidung am anderen Ende der Welt hergestellt wird, denken wir gar nicht mehr darüber nach, wie es sein könnte, wenn maßgeschneiderte Kleidung sich einfach richtig anfühlt. Stattdessen geben wir uns mit dem zufrieden, was uns angeboten wird und glauben, es liege an uns, wenn es nicht gut aussieht.

Als ich in den Spiegel blickte, begriff ich, nein, ich fühlte aus tiefstem Herzen, dass nun wirklich alles möglich ist und dass ich die Veränderung mit eigenen Händen erschaffen kann. Ich hatte diesen Mantel selbst genäht! Ich war es, die mir eine zweite Haut verpasst hatte, die mich wie von Zauberhand zu einer imposanten Erscheinung machte. Die dicke, unzufriedene, wenig selbstbewusste Frau war weg. Im Spiegel sah ich diese neue Frau, die das ganze Leid rund um Schönheit und Schlankheit einfach weglachte, weil es für sie keine Rolle mehr spielte. Ich hatte diesen Mantel genäht – fortan würde ich niemals mehr daran zweifeln, dass ich eine tolle Frau bin, egal was die Welt um mich herum erzählt. Das Allertollste: Ich kann das jederzeit wiederholen. Ich kann mir einen ganzen Schrank voll Superheldinnen-Kostüme nähen. Das Problem, nicht das Richtige zum Anziehen kaufen zu können, das Problem, sich in den Umkleidekabinen der Welt hässlich, dick und vor allen Dingen selbst schuld an der Misere zu fühlen, war abgeschafft.

Das Problem bestand gar nicht darin, dass ich dick war. Ich sah nur unförmig aus, weil es für mich schlichtweg nicht das Richtige anzuziehen gab. Die Kleidung, die ich vorher hatte, war falsch für mich, das erkannte ich jetzt. Ich hatte mich jahrelang geirrt.

Die Stimmen in meinem Kopf sagten mir schon immer, dass ich falsch sei und auch noch schuld daran. Ich hatte diese Stimmen niemals angezweifelt. Aber als ich in den Spiegel sah, wuss-

te ich, dass es großen Grund zum Zweifeln gab – alles war tiptop, ich war genau richtig, so wie ich bin.
Wenn ich in diesem Mantel eine derart gute Figur machen konnte, dann konnte es durchaus sein, dass alles, was ich in den letzten Jahren über mich als Frau gedacht hatte, schlichtweg Unsinn war. Vielleicht waren alle diese Probleme oder Problemzonen, unter denen ich seit Jahrzehnten litt, nur Lügen, die ich als Wahrheiten verinnerlicht hatte?

Wenn wir für unser Aussehen die guten Noten bekommen und ich den nur dadurch erzeugten ersten Eindruck so leicht ändern konnte, was könnte ich noch alles ändern, wenn ich nun den Schlüssel dazu hätte? Ich hatte Kleidung vorher nicht so wichtig genommen, weil ich auf dem Jahrmarkt der Eitelkeiten bisher als dicke Frau ohnehin nicht mitspielen konnte. Doch jetzt standen mir auf einmal alle Türen offen. Denn ich konnte nähen! Ich konnte alles nähen, was ich wollte und damit eine neue Frau erschaffen, die es vorher nicht gab. Ich hatte ein riesiges Problem gelöst – ich ahnte nicht, dass daran noch mehr hängt, als ich zu diesem Zeitpunkt dachte.

Ein neues Kapitel

Der 20. Januar 2012 war der Tag, an dem alles begann, doch der Mantel war nur der Ausgangspunkt. Was folgte, war nicht nur ein Kleiderschrank voller selbstgenähter Kleidungsstücke, sondern auch eine lange Zeit des Nachdenkens, des Austauschs mit Freundinnen über meine Gedanken und unzählige Bücher und Studien, die ich las.

Plötzlich interessierte ich mich für ganz neue Themen: Zunächst begeisterte ich mich für Mode und Kleidung und ich beschäftigte mich mit Körpern – einem Thema, dem ich vorher sehr gern aus dem Weg gegangen war, weil es mich bisher so sehr beschämte. Später führte mich meine Suche noch auf ganz andere Gebiete. Je mehr ich forschte, umso klarer wurde mir, dass ich von der individuellen Betrachtung wegmusste, um strukturelle Zusammenhänge zu verstehen. Meine Suche führte mich in das Feld der politischen Literatur, ich erinnerte mich an Dinge, die ich meinem Ökonomiestudium erfahren hatte, ich verschlang feministische Neuerscheinungen, entdeckte den Fat-Aktivismus, erinnerte mich an die Bücher, die schon in den 90ern einen anderen Blick auf die Dinge gelenkt hatten und saugte alles in mich auf, egal ob es um Gesellschaft oder Kultur ging.

Mir ging es wie der Bloggerin Journelle, die 2016 einen Vortrag auf der re:publica mit dem passenden Titel „Das Internet hat mich dick gemacht!“ hielt – auf Twitter, Instagram und in Nähblogs fand ich unzählige Gleichgesinnte. Ich inhalierte förmlich die Bilder von echten Frauen, die ganz anders aussahen als die fotogeshoppten künstlichen Menschen auf den Plakaten und ich freute mich jedes Mal, wenn die Inspiration aus dem Internet zu echten Begegnungen führte, die mir Mut machten und zeigten, was alles möglich war. Magda Albrecht inspirierte mich, den Körper politisch zu sehen, Natalie Rosenke beeindruckte mich mit ihrem Engagement, Gewichtsdiskrimierung als Diskriminierungsform ins Allgemeine Gleichbehandlungsgesetz aufzunehmen, Miss Bartoz und andere Plus-Size-Bloggerinnen zeigten auf, wie es sehr wohl geht, sich modisch zu kleiden, auch wenn Frau keine Gardemaße hat und Anne-Luise Lübbe, Gründerin des körperpositiven Wäschehandels BH-Lounge, ist Vorbild für mich, auch unternehmerisch diese Werte zu leben. Nicht zuletzt ermutigte mich Journelle mit ihren Twitter-Threads, es mir zu erlauben, wütend zu werden und meine Wut zu äußern.

Obwohl ich an anderen Frauen, die auch ihre Kleidung selbst herstellten, ähnliche Veränderungen des Selbstbewusstseins wie an mir entdeckte, war mir klar, dass meine Erlebnisse und meine Beobachtungen eigentlich nur die sprichwörtliche Spitze des Eisbergs waren. Am Anfang konnte ich meine Gefühle weder verstehen noch einordnen. Es brauchte eine Zeit, bis ich Muster sah, die immer wieder und an verschiedenen Stellen auftauchten. Plötzlich entdeckte ich Zusammenhänge und erkannte, was mir das Leben so lange so schwer gemacht hatte. Ich wollte verstehen, was mein Anteil an der Misere war und wo mich gar keine Schuld traf, weil ich gegen Probleme kämpfte, die strukturelle Ursachen haben. Es war gar nicht so leicht, gedanklich zwei Schritte zurückzutreten und über meinen persönlichen Tellerrand zu schauen, um das System dahinter zu entlarven. Das alles brauchte Zeit.

Ich war ja nicht die Erste, die über Diäten, Diskriminierung und die Rolle von Frauen in unserer Gesellschaft nachgedacht hatte. Glücklicherweise! Es gab so viel zu entdecken (im Anhang gibt es eine Literaturliste). Doch irgendwie stellte niemand die Zusammenhänge her, nach denen ich suchte. Es gab Bücher über Körper, es gab Bücher über Kleidung, es gab kapitalismuskritische Bücher, die sich mit der Leistungsgesellschaft auseinandersetzten und feministische Bücher, die mir die Auswirkungen des Patriarchats erklärten. Aber anscheinend hatte niemand bisher das Interesse, alle diese Dinge zu verbinden.

Mir ging es darum, eine neue Idee zu formulieren, die Feminismus, Körper und Kleidung zusammendenkt. Dabei beschränke ich mich nicht auf persönliche Erfahrungen, sondern versuche, diese in bestehende Diskurse einzubauen und um die für mich fehlenden Aspekte zu ergänzen. Beispielsweise wären meine Erkenntnisse über den Körper nicht möglich gewesen ohne die Vorarbeit der Schwarzen *Fat*-Aktivistinnen. Deren Gedanken inspirierten mich, obwohl meine Lebenswelt eine gänzlich andere ist. In diesem Sinne ist die Abschaffung der Problemzonen ein Beitrag unter vielen im Kampf gegen ein System, von dem nur einige wenige profitieren und unter dem viele Menschen leiden.

Mir gefällt die Idee, dass jede*r eigene Ideale, oder anders gesagt, Werte, Träume, Vorstellungen und Ziele entwickelt. Ich habe Vertrauen darin, dass das dem großen Ganzen dient. Wir sind alle so unterschiedlich, warum sollten wir alle das Gleiche wollen? Ich glaube, für die komplexen Probleme unserer Welt gibt es keine einfachen Lösungen. Aber gemeinsam und jede auf ihre Weise, können wir vielleicht Lösungsansätze entwickeln, die zu einer Welt führen, in der wir alle zufrieden, gesund und munter leben können.

Ich schlage Ihnen in diesem Buch daher kein fertiges Rezept vor, sondern möchte Ihnen die ersten Schritte auf einem Weg zeigen, auf dem jede*r selbst herausfinden kann, wohin die Reise führt. Ich weiß, dass mein Vorschlag funktioniert, weil ich seine Wirkung an mir und auch an unzähligen anderen Frauen beobachten konnte. Aber es ist nur die Anregung, in welche Richtung Ihr erster Schritt gehen könnte. Und dann gehen Sie los. *On the road* werden Sie herausfinden, in welche Richtung Sie weitergehen. Sie werden sowohl Sackgassen als auch glitzernde Pfade entdecken – das ist alles gut. Aus Irrwegen können wir lernen, und wenn wir herausfinden, warum etwas für uns glitzert, verstehen wir genauer, welche Werte uns wichtig sind und uns leiten. Das ist der Punkt: Ich erzähle Ihnen nicht, was Sie tun sollen. Es gibt kein allgemeingültiges Ziel. Der einzige Wert, den ich Ihnen schmackhaft machen möchte: Vielfalt ist gut. Wer Vielfalt zu schätzen weiß, akzeptiert Unterschiede und fühlt sich dadurch bereichert. Alle sind okay – das ist mir wichtig.

In den nächsten Kapiteln erzähle ich Ihnen alles, was ich über Körper und Kleidung herausgefunden habe. Ich werde Ihnen Beispiele geben, wie Probleme rund um unsere Körper, Kleidung und vor allem unser Selbstbewusstsein konstruiert werden, damit wir tun, was von uns erwartet wird. Ich werde Alternativen aufzeigen, wo uns die Leistungsgesellschaft und ihre Erfüllungsgehilfinnen vorgaukeln, dass mehr vom selben und vor allen Dingen Shoppen die Lösung ist. Ich werde so viele Beispiele nennen, dass Sie hoffentlich ebenso empört und wütend werden wie ich, denn ich glaube, da müssen wir durch. Wenn wir verstehen, was uns bremst, werden die ersten Schritte ganz einfach. Also lassen Sie uns genauer hinschauen, was uns das Leben so schwer macht. Beginnen wir mit dem, was uns am nächsten ist: unserem Körper und den Problemzonen.

I. Problemzonen

Der Idealkörper ist das Symbol für alles, was von Frauen erwartet wird.

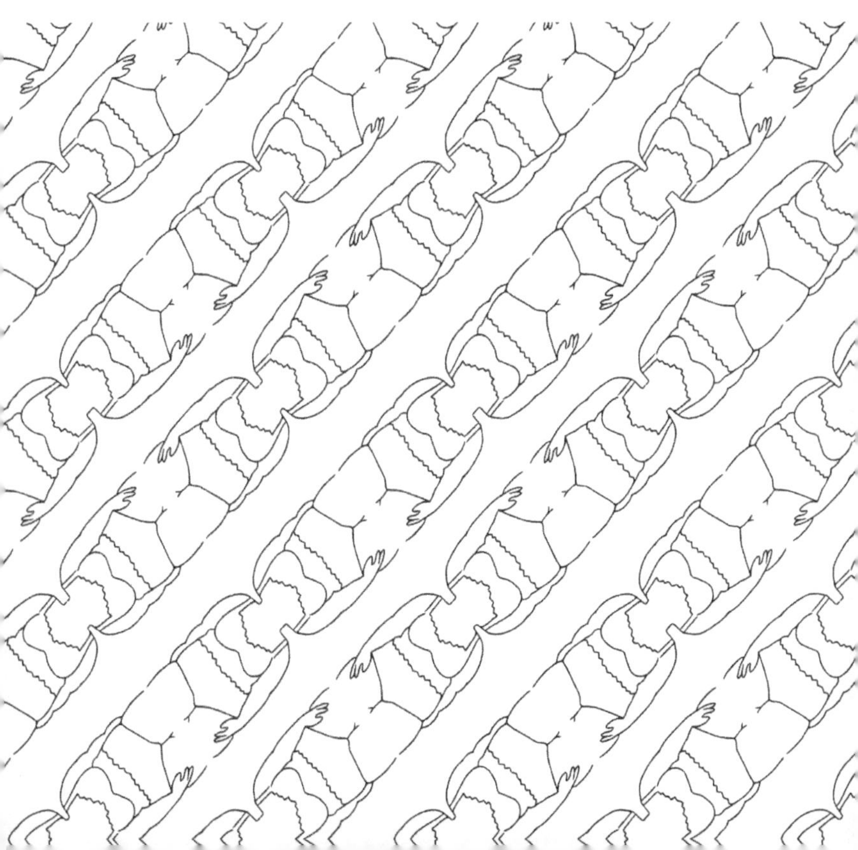

„Wenn alle Frauen dieser Erde morgen früh aufwachten und sich in ihren Körpern wirklich wohl und kraftvoll fühlten, würde die Weltwirtschaft über Nacht zusammenbrechen."

Laurie Penny: Fleischmarkt

Was sind Problemzonen?

Problemzonen sind ein Narrativ. Es ist ein Wort, das Frauenzeitschriften erfunden und so oft wiederholt haben, bis es ganz selbstverständlich in unseren Wortschatz und die Art und Weise übergegangen ist, wie wir die Welt und uns selbst betrachten. Problemzonen sind eine Erfindung. Problemzonen sind Probleme, die uns angedichtet und eingeredet werden, damit wir Produkte kaufen, uns selbst verändern und anpassen und ja nicht auf den Gedanken kommen, etwas Grundlegendes verändern zu wollen. Problemzonen machen uns zum Problem. Problemzonen sind eine Aufgabe. Problemzonen formulieren konkrete Erwartungen, wie Frauen zu sein haben. Eine Problemzone kann alles sein – jedes Körperteil, jede Abweichung vom Ideal, jede ganz normale und unausweichliche Alterungserscheinung des Körpers. Denkt man einmal weiter, sind Problemzonen auch eine Metapher für alles, was eine Frau im Leben falsch machen kann, denn egal ob sie Kinder oder Karriere oder beides oder keines von beidem wählt, es wird ihr immer versichert werden, dass an ihr etwas nicht okay ist.

Die vorgeschlagenen Problemlösungen sind im Prinzip immer gleich: Egal ob es sich um dellige Haut am Oberschenkel handelt oder um die Gehaltsunterschiede zu männlichen Kollegen – uns wird suggeriert, alles wäre möglich, würden wir uns nur genügend anstrengen. Mit noch mehr Sport, der richtigen Ernährung und dieser neuen Wundercreme sind die Dellen im Nullkommanix verschwunden, versprochen! Falls das nicht klappt, dann liegt das nur an unserer mangelnden Disziplin. Und was die Gehaltsunterschiede im Vergleich zu den Männern betrifft, da haben wir, typisch Frau, wohl bei den Gehaltsverhandlungen nicht genügend Biss bewiesen oder gleich den falschen Beruf gewählt.
Diese individuellen Schuldzuweisungen verschleiern, dass wir das Ziel möglicherweise gar nicht erreichen können, weil dazu eine grundlegende Veränderung des Systems nötig wäre, die aber nicht im Interesse der anderen Akteure liegt oder schlichtweg aufgrund unserer Anatomie und unseres Stoffwechsels gar nicht möglich ist. Das Problemzonen-Narrativ lässt uns glauben, dass wir individuelle Probleme hätten, die auch individuell lösbar seien. Das ist falsch. Es sind strukturelle Mechanismen, die eine ganze Gruppe von Menschen benachteiligen. Damit werden die eigentlichen Probleme verschleiert und so getan, als ob die erfundenen Probleme relevant wären. Das macht ein individuelles Entkommen unmöglich und lässt uns mit den schlechten Gefühlen der Scham, des Scheiterns und der Schuld zurück.

Problemzonen sind ein perfides Ablenkungsmanöver, um Frauen zu beschäftigen, um ihre Aufmerksamkeit auf Nebensächliches zu lenken und nicht zuletzt, um ordentlich Geld mit ihnen zu verdienen. Wir können uns von dem Gefühl des individuellen Versagens nur befreien, wenn wir den strukturellen Aspekt verstehen und gemeinsam die Problemzonen abschaffen. *Derailing* nennt man es, wenn Gespräche mit Absicht in eine völlig andere Richtung gebracht werden, um vom Thema abzulenken. Problemzonen sind *Derailing*, sie sollen von dem ablenken, was wirklich wichtig ist.

Als ich diese destruktive Argumentationsstrategie verstand, lichteten sich die diffusen Gefühle, die ich seit dem Mary-Poppins-Mantel nicht mehr loswurde. Ich hatte jahrelang über die falschen Dinge nachgedacht, weil mir vermittelt wurde, dass bestimmte Themen meine Aufmerksamkeit verdienen. Meine Interessen wurden gelenkt und Ziele wurden von außen definiert, lange bevor ich in der Lage dazu war, eigene Ziele zu definieren. Irgendwie ging es eigentlich gar nicht um mich. Ich wurde auf meinen Körper reduziert.

Wir machen den Körper zu einem Objekt, als wäre er ein schnelles oder ein nicht so schnelles Auto, ein nützliches oder ein weniger nützliches Werkzeug. Wir sind vom allgemeinen Anspruchsdenken unserer Gesellschaft verdorben, in der nur zählt, wer etwas leistet und nützlich ist. Also geben wir uns alle Mühe, ein besserer Mensch zu werden und suchen permanent nach Lösungen für unsere Problemzonen. Selbstoptimierung wird zur Lebensaufgabe.

Die Problemzonen sind definiert, die Erwartungen klar. Es gibt viele Baustellen, wo ein weiblicher Körper angeblich Optimierungspotential hat: Jung, schön, schlank und sexy sollen wir sein.

„In Werbungen waren alle Frauen normschön, BFF und tranken rosa Alkohol. In Wirklichkeiten sahen sie unterschiedlich aus, wussten vielleicht nicht, was BFF heißt, entwickelten aber zunehmend den Mumm, sich nicht länger verarschen zu lassen."

Christiane Frohmann: Präraffaelitische Girls erklären Hexerei

Schönheit

Was ist schön? Diese Frage wurde in der Menschheitsgeschichte immer wieder gestellt. Trotz der unterschiedlichen Antworten auf diese Frage in verschiedenen Epochen und Kulturen kristallisierten sich in den westlichen Gesellschaften bestimmte Konstanten heraus. Auch wenn es immer wieder Moden und Ausnahmen gab, im Prinzip haben wir unser europäisches Schönheitsideal aus der Antike übernommen: Ebenmäßige Gesichtszüge, schlanker, leistungsfähiger, sportlicher Körper und eine weiße Hautfarbe. Nur die Details ändern sich: Mehr oder weniger Oberweite, eine bestimmte Haarfarbe, mal wird der Mund betont, mal die Beine.

Bestimmte Frauentypen werden uns immer wieder gezeigt, wir gewöhnen uns an die Silhouette und den Look, und mit der Zeit finden wir ihn schön. Deshalb ist es auch so wichtig, wenn Frauen wie die Autorin Anastasia Umrik in Foto- und Modeprojekten die „Andersschönen" in den Blick rücken oder wenn Nähbloggerinnen Fotos von sich in ihrer selbstgenähten Kleidung posten und in gemeinsamen, regelmäßigen Aktionen wie dem Me-Made-Mittwoch (Deutschland) oder dem Me-Made-May (weltweite Vernetzung) feiern: Wenn wir nicht immer nur die perfekten Normschönen der Modemagazine und großen Medien sehen, kann das unsere Sehgewohnheiten verändern und zu einem realistischeren Bild von Frauenkörpern beitragen.

Schön zu sein lohnt sich, und das spüren die Menschen intuitiv. Schon als kleines Mädchen erleben wir, dass es Schulkameradinnen gibt, die begehrter bei den Jungs und beliebter bei den Lehrer*innen sind und wir wollen nichts lieber, als bei dieser Gruppe auf dem Schulhof stehen, statt bei den grauen Mäusen und allen, die irgendwie anders sind. Ohne zu diesem Zeitpunkt erklären zu können, was als schön gilt, haben wir das gesellschaftliche Verständnis von Schönheit schon verinnerlicht. Wir haben dünne, weiße Disney-Prinzessinnen mit perfekter Frisur gesehen und Erwachsene erlebt, die in Entzücken gerieten, wenn wir ein hübsches Kleidchen trugen und seidiges, langes Haar hatten. Was schön ist, ist uns lange klar, bevor wir es sprachlich benennen können. Zu diesem Zeitpunkt haben wir auch bereits verinnerlicht, wo wir uns innerhalb dieses Schönheitswettbewerbs verorten können, und dass es unsere Aufgabe ist, etwas dafür zu tun, im Ranking weiter aufzusteigen.

Auch später wird uns bestätigt, was wir uns mit unseren kindlichen Wünschen nach einem Prinzessinnen-Look ausmalten: Wer schön ist, hat es leichter und besser im Leben. Wer schön ist, gilt als intelligenter und kompetenter, verdient mehr Geld und hat es leichter bei der Partner*innenwahl, beschreibt die Ökonomin Soohyung Lee, die zum Thema Schönheit forscht. Wir unterstellen schönen Menschen positivere Eigenschaften und nehmen sie als freundlicher wahr.

Wenn Schönheit derart viele Vorteile – auch ökonomischer Art – bietet, ist es kein Wunder, warum es heute so viele Menschen rational finden, in ihre Schönheit zu investieren und nachzuhelfen. Während sich die einen täglich im Fitnessstudio abrackern, scheuen sich andere nicht, auch medizinisch mit Schönheits-OPs nachhelfen zu lassen. Doch Soohyung Lee fand auch heraus, dass sich die Investition in Schönheit letztlich nicht lohnt – vor allem nicht, wenn sich alle Nachbarinnen diese Verbesserung auch leisten können und frau anschließend gar nichts Besonderes ist. Doch woran liegt das? Das erklärte die Soziologin Kjerstin Gruys in einem TED-Talk: Die meisten Menschen sind mittelmäßig. Werden Menschen mit einer Zahl im Hinblick auf ihre Schönheit bewertet, liegen die allermeisten (95 %) im Mittelfeld. Bei den Menschen, die als besonders schön oder unschön gesehen werden, sind sich die Menschen bei ihrer Bewertung einig – im Mittelfeld differenziert dann nur der persönliche Geschmack. Das heißt, so richtig lohnen sich Investitionen in die Schönheit nur, wenn das Ergebnis uns wirklich zur Allerschönsten macht. Nur: Wie hoch stehen unsere Chancen, dass dieser Wunsch Realität wird? Kann die Schönheitsindustrie uns wirklich zu einer Besonderheit machen? Und was ist, wenn alle diesen Weg gehen? Dann ist das Geld doch wieder zum Fenster rausgeworfen.

Aber die Erkenntnisse einzelner Wissenschaftler*innen reichen nicht aus, um der Einzelnen die Hoffnung zu nehmen, etwas an sich verbessern zu können. Zu tief ist unsere Vorstellung verankert, dass wir das Schicksal in der Hand haben. Also ackern wir, investieren wir, tun wir letztlich (fast) alles, um im allgemeinen Schönheitswettbewerb mitzuhalten in der Hoffnung, irgendwann auch einmal auf dem Treppchen zu stehen und dadurch bewundert und beliebt zu sein. Das Bild, wie eine Frau zu sein hat, ist tief in uns verankert.

„Wenn eine Kultur auf weibliche Schlankheit fixiert ist, geht es nicht um weibliche Schönheit, sondern um weibliche Unterwerfung. Diäthalten ist das wirksamste politische Sedativum der Geschichte der Frauen; eine latent verrückte Bevölkerungsgruppe ist eine lenkbare Bevölkerungsgruppe."

Naomi Wolf: Der Mythos Schönheit

Schlank sein

Wir leben in einer Diätkultur. Ein schlanker Körper hat einen hohen Wert. Oder wie die Aktivistin und Autorin Magda Albrecht so treffend formuliert: „Es ist doch komisch, dass in einer Zeit, in der ‚viel haben' positiv besetzt ist, jedes zusätzliche Kilo eine Zumutung darstellt." Komisch, aber nicht lustig, denn diese Diätkultur macht uns das Leben schwer.

Dass ein Körper schlank ist, ist von Außenstehenden leicht zu beurteilen. Ein schlanker Körper gilt als schön, gesund und diszipliniert. Dass Schlankheit automatisch Gesundheit und Fitness bedeutet, ist jedoch ein Irrtum. So belegen mittlerweile unzählige Studien, dass ein schlanker Körper nicht zwangsläufig sportlicher oder gesünder ist als ein dicker Körper. Wer schon erlebt hat, wie ein kranker Mensch abmagert oder wie Raucher*innen die nächste Zigarette anstecken, um nichts zu essen, weiß, dass nicht jede*r Schlanke dazu in der Lage ist, einen Marathon zu laufen. Trotzdem hält sich das Bild vom schlanken und gleichzeitig gesunden Menschen. Vielleicht, weil es so einfach ist. Es braucht keine genaueren Untersuchungen, kein aufwendiges Verfahren, um den Wert eines Menschen zu bestimmen. Einfach hinschauen und scheinbar ist alles klar.

Mit dem Schlankheitsideal verbunden ist etwas, das vielen Menschen das Leben schwer macht: der Dickenhass. Dicke Körper erscheinen als das genaue Gegenteil des schlanken Körpers, alle Attribute werden einfach umgekehrt. Deswegen gilt der dicke Körper als hässlich, ungesund und undiszipliniert. Der dicke Körper und das sichtbare Fett gelten als Ausdruck von Willensschwäche, denn die Diätkultur vermittelt uns, dass Dicksein kein Zufall ist. Es ist nicht nur die Abweichung vom Ideal, sondern vom angeblich Normalen. Damit wird uns signalisiert, dass Fett vermeidbar bzw. eliminierbar ist und jedes sichtbare Kilo „zu viel" wird als Zeichen von Nachlässigkeit und Disziplinlosigkeit gewertet.

Ich war wirklich schockiert, als ich von der Studie im *International Journal of Obesity* las, die herausfand, dass viele Menschen es als das „Allerschlimmste überhaupt" ansehen würden, dick zu sein. Dass dicke Körper nicht das Nonplusultra unseres herrschenden Schönheitsideals sind, war mir natürlich klar, denn diese Botschaft wird uns an jeder Ecke vor die Nase gehalten. Dass es aber die allerschlimmste Vorstellung überhaupt sein könnte, dick zu sein, fand ich wirklich niederschmetternd. Es wurde noch schlimmer: Menschen gaben an, dass sie es vorziehen würden, normalgewichtig, aber gehörlos oder blind, oder herzkrank zu sein. Sogar ein amputiertes Bein schien erstrebenswerter, als fett zu sein.

Dicke Menschen verdienen weniger Geld, werden seltener befördert, werden beschimpft, werden im Gesundheitswesen schlechter behandelt, haben Schwierigkeiten bei der Partner*innenwahl, werden nicht zu Vorstellungsgesprächen eingeladen und so weiter, wie die Wirtschaftswissenschaftler Marco Caliendo und Markus Gehrsitz aufzeigten. Solange die magische Formel geglaubt wird, dass Abnehmen tatsächlich nichts mehr als eine einfache Rechnung ist, wird sich an der Diskriminierung dicker Menschen nichts ändern. Es klingt ja auch zu schön: Einfach weniger Kalorien zu sich nehmen, als wir verbrauchen, und – zack – purzeln die Pfunde (wie das von Frauenzeitschriften ganz goldig formuliert wird).

Wer daran glaubt, hat noch niemals versucht, eine zweistellige Zahl an Kilos abzunehmen und dieses Gewicht über einen längeren Zeitraum zu halten. Der naive Glaube, dass wir unseren Körper einfach austricksen können, erschafft dicke Menschen und legitimiert Diskriminierung. Denn wer an diese einfache Rechnung glaubt, ist fest davon überzeugt, dass dicke Menschen selbst schuld an ihrem Aussehen sind, dass sie faul und dumm sind und rechtfertigt damit vor sich die Gewohnheit, dicke Menschen schlecht zu behandeln, sie zu benachteiligen und zu beleidigen.

Nicht alle dicken Menschen erfahren gleichermaßen Hass und Diskriminierung, denn man unterscheidet heutzutage in gute und in schlechte Dicke. Auch wenn mächtige Politiker wie die amerikanischen Präsidenten heute joggend zum Rednerpult kommen, um Stärke, Kraft und Dynamik zu verkörpern, hat es der dicke Mann in den oberen Etagen immer noch leichter als die dicke Frau, die von vergleichbarer Karriere meist nur träumen kann.

Noch hat sich das Menschenbild nicht überall durchgesetzt, dass nur nach oben kommt, wer schön und schlank ist. Ganz oben gelten noch andere Regeln: Wer die Macht hat, kann aussehen, wie er will. Doch unsere Leistungsgesellschaft ist unerbittlich und die joggenden Präsidenten verraten schon, wohin es geht: Allzu lange können sich Männer nicht mehr ausruhen. Auch auf Männern lastet mehr und mehr die Aufgabe, alles dafür zu tun, um sich aussehensmäßig zu verbessern, um sich von den

Mitbewerbern um die Macht abzuheben. Da freut sich die Schönheitsindustrie, die damit Kunden dazugewinnt.

Alle müssen sich anstrengen, denn ganz oben ist nur Platz für wenige. Also ist es wohl auch besser für Männer, sich ein bisschen dünn zu machen.

Jugend

Jugendlichkeit ist das dritte wichtige Attribut eines idealen Körpers. Das ist eigentlich unsinnig, denn das Alter unseres Körpers können wir am wenigsten beeinflussen. Zumindest wenn unter „Alter" die Zeitspanne zwischen dem heutigen Datum und dem Geburtsdatum in unserem Pass gemeint ist. Aber wie so oft reden wir von Äußerlichkeiten. Die Form von Jugend, die in Zusammenhang mit dem Schönheitsideal gemeint ist, bezieht sich nicht auf das tatsächliche Alter des Körpers, sondern auf dessen Aussehen, also den Anschein von Jugend und allem, was damit verbunden ist.

Dass der jugendliche Körper als besonders leistungsfähig und stark gilt, bezieht sich auf ein altes Verständnis von Arbeit, bei dem körperliche Stärke und Kondition wichtig waren. Aber ist bei der Arbeit von heute und morgen nicht vielmehr Wissen und Erfahrung gefragt, die der jugendliche Mensch noch gar nicht haben kann? Mit Jugend wird Frische, Stärke und damit Leistungsfähigkeit assoziiert und das ist per se gut. Es reicht, dass ein Körper jugendlich wirkt oder anders gesagt: Wir alle haben bis ins hohe Alter die Verpflichtung, uns möglichst jung und frisch zu halten oder zumindest so zu tun. Unsere Alterspyramide verschiebt sich immer mehr zuungunsten der Jungen, wir haben immer mehr alte Menschen – kein Wunder, dass Jugend zum Distinktionsmerkmal wird und alle danach streben, sich möglichst frisch zu geben. Es ist, als wollten die Menschen die unabwendbare Existenz des Todes verleugnen.

Da Jugend so einen hohen Marktwert hat, gibt es eine große Bereitschaft, wie in Schönheit auch in Jugendlichkeit zu investieren. Da wird versucht, Falten wegzucremen und wenn das nicht geht, wird zu härteren Mitteln gegriffen und die Zeichen des Alters werden mit medizinischer Hilfe gestrafft – als würde es tatsächlich unbemerkt bleiben, dass ein Körper altert! Es fließt dabei viel Geld in unterschiedliche Industriezweige, aber lohnt sich die Investition wirklich?

Genauso, wie es in unserer Gesellschaft kaum etwas Bedrohlicheres gibt, als dick zu sein, ist es ein Unding, alt zu werden oder jemanden als alt zu bezeichnen. Eigentlich ist es noch schlimmer: Wir wollen alle alt werden, aber niemand möchte alt sein.

In den Medien sind ältere und alte Frauen mehr oder weniger unsichtbar. Schauspielerinnen können ein Lied davon singen und die Wissenschaftlerinnen Elizabeth Prommer und Christine Linke lieferten mit Hilfe der Malisa-Stiftung 2016 eine Studie, die das belegt. Während der gleichaltrige Schauspielkollege angeblich mit grauen Haaren immer sexyer wird, bleiben den Schauspielerinnen ab einem gewissen Alter nur die Mutterrollen.

Auch wenn die Ergebnisse von Kosmetik und Schönheitschirurgie immer besser werden, wirken die Versuche, das Alter zu leugnen, auf mich oft verzweifelt. Sind die Haare auch noch so gut gefärbt – ab einem gewissen Alter ist es einfach klar, dass es sich nicht um die echte Haarfarbe handelt. Ist diese Form der Verkleidung wirklich überzeugend, erfüllt sie noch ihren Zweck? Oder wird nur an der Gewohnheit festgehalten, weil frau das schon immer so macht? Die gefärbten Haare finde ich ein gutes Beispiel, denn jede weiß, wie lange es dauert, eine gefärbte Haarfarbe herauswachsen zu lassen und wie grässlich die Übergangszeit ist. Diese Übergangsphase wäre viel sanfter verlaufen, hätte frau sie in Echtzeit zugelassen. So ist es ein monatelanger Schock, wenn die grauen oder weißen Haare sichtbar werden.

Das ganze Leben ist ein Übergang, es hat keinen Zweck, einzelne Phasen zu überspringen oder zu leugnen. Wer das Konzept „immerwährende Jugendlichkeit" als Schönheitsideal infrage stellt, kann dadurch den Blick freibekommen, welche Qualitäten die anderen Lebensphasen zu bieten haben. Aber gesellschaftlich sind wir davon noch weit entfernt. Wir rennen dem Merkmal Jugend hinterher und glauben, durch Körper-Tuning möglichst lange die Vorteile der Jugend zu genießen, statt das Alter anzuerkennen. Also versuchen wir möglichst lange begehrenswert und vorzeigbar zu sein und übersehen dabei, dass uns das zu einem Objekt macht.

Sexyness

Aber was heißt eigentlich vorzeigbar, attraktiv, begehrenswert, weiblich? Wieder geht es um von außen leicht zu erkennende Attribute. Neben der Leistungsfähigkeit, die uns zu einer wertvollen Arbeitskraft macht, lastet auf Frauen eine weitere Erwartung: Sie sollen Kinder produzieren oder zumindest stereotyp „weiblich" aussehen, so als seien sie fruchtbar. Deshalb geht es bei Jugend auch immer um Sexyness, oder deutlicher gesagt: um Fickbarkeit.

Bitte legen Sie das Buch jetzt nicht weg, auch wenn Ihnen dieses Wort nicht gefällt. Es wird Zeit, Tacheles zu reden, denn wenn wir von Jugend sprechen, dann meinen wir eigentlich genau das. Solange die Möglichkeit besteht, dass eine Frau Kinder bekommen kann, dann ist sie nützlich, dann ist sie etwas wert.

Der Begriff „Fickbarkeit" ist noch etwas weiter gefasst als das Potenzial, Kinder zu bekommen. Es geht darum, ein Objekt der Lust zu sein. Nichts hält uns so sehr davon ab, zum Subjekt unseres Lebens zu werden, als wenn wir uns mit der Rolle des Objekts zufrieden geben und alles dafür tun, möglichst lange fickbar zu sein. Deswegen ist es wichtig, so deutliche Worte dafür zu finden! „Fickbar" bedeutet, attraktiv genug zu sein, um ausgewählt zu werden, Lust zu bereiten. Es geht nicht um unsere Lust, es geht nicht darum, dass wir uns überlegen, mit wem wir diese Lust ausleben wollen, sondern es geht einzig allein darum, unsere Existenz darin zu begründen, möglichst attraktiv zur Verfügung zu stehen.

Deswegen lernen wir schon als junge Mädchen, das sogenannte *Cat-Calling* zu ertragen und wir reden uns möglicherweise dabei ein, dass es etwas Schmeichelhaftes ist. *Cat-Calling* sind die unüberhörbaren Laute aus dem Mund von Männern, die uns besonders im öffentlichen Raum immer wieder zum Objekt machen und unseren Platz in der Gesellschaft zuweisen. Egal, ob es sich um ein leises Schnalzen mit der Zunge handelt, um ein scheinbares Kompliment oder eine Einladung wie „Komm, ich besorg' es dir" – es sind sexualisierte Bemerkungen, die uns klar machen sollen, wo wir stehen. Wir lernen von Kind auf, ein Objekt zu sein, oder wie die Soziologin Franziska Schutzbach es beschreibt: „Der öffentliche Raum wird für Frauen zur täglichen Strapaze und Quelle der Erschöpfung. Belästigung und *Cat-Calling* lenken ihre Aufmerksamkeit weg von sich selbst und versetzen sie nicht selten in eine permanente Habtachtposition". *Cat-Calling*-Situationen sind keine Komplimente. Sie sind eine Demonstration männlicher Macht, die auf einen männlichen Lustgewinn zielt und uns demütigen soll.

Es ist nicht unsere Verantwortung, wenn Männer kriminell oder unhöflich werden – wir können verdammt nochmal verlangen, dass Männer sich und ihre Triebe beherrschen und akzeptieren lernen, dass wir Subjekte und keine Objekte sind. Gleichzeitig können wir die Anforderung, möglichst hübsch zu sein, damit sich unser Gegenüber an unserem Anblick erfreuen kann, über Bord werfen. Es ist nicht unsere Aufgabe, hübsch und sexy zu sein und die Welt mit unserem Anblick zu verschönern.

Die Unerreichbarkeit des Körperideals

Der weibliche Körper wird zur Problemzone gemacht, indem ein unerreichbares Körperideal – jung, schön, schlank und sexy – aufgestellt wird, neben dem alle echten Körper nur versagen können. Alle, die keinen derart tollen Körper haben, sollen sich dazu aufgefordert fühlen, alles dafür zu unternehmen, sich diesem Körperideal zu nähern. Manchmal scheint es, als sei es die wichtigste Aufgabe eines Frauenlebens überhaupt. Erst wenn der Körper in Ordnung ist, darf sich die Frau allen anderen Themen widmen. Der perfekte Körper scheint das Ticket in eine Welt zu sein, in der die wirklich wichtigen Dinge warten.

Beim perfekten Körper handelt es um ein Ideal. Der Nachteil von Idealen ist, dass sie niemals erreicht werden können. Das machen wir uns viel zu selten klar! Viel Arbeit und viel Leid, und dann kann das Ziel noch nicht einmal erreicht werden – kein

Wunder, dass so viel schlechte Gefühle damit verbunden sind. Das ist der Trick!

Ist es nicht wahnsinnig bequem für die ganzen mittelmäßigen Männer, die auf einflussreichen Bürostühlen sitzen, dass die Frauen gar nicht an ihren Stuhlbeinen sägen, weil sie mit etwas anderem – der Perfektionierung ihres Körpers – beschäftigt sind? Weil wir verinnerlicht haben, dass es unsere Aufgabe ist, dem Ideal durch Anstrengung näher zu kommen, sind wir abgelenkt. Wir können uns nicht mehr auf das konzentrieren, was uns wichtig sein könnte, sondern rollen wie Sisyphos die Kugel den Berg hoch, bis sie uns wieder entwischt und herunter rollt.

Viele Frauen hadern ihr Leben lang mit ihrem Körper, weil es ihnen nicht gelingen will, das Körperideal zu erreichen, egal wie subjektiv oder objektiv jung, schön oder schlank sie sind. Dieses per Definition unerreichbare Ziel verursacht eine Menge Leid und Stress. Viele Frauen sind viele Jahre ihres Lebens so sehr damit beschäftigt, ihren Körper zu optimieren, dass sie kaum zu etwas anderem kommen. Dabei will ich gar nicht Joggingstunden gegen Weiterbildung aufrechnen, das würde doch nur wieder der Logik der Leistungsgesellschaft entsprechen.

Die Beschäftigung mit dem Körper beansprucht uns auf andere Weise. Sie nimmt uns gefangen, sie berührt uns und blockiert uns für anderes. Sie sitzt tiefer und es ist daher nicht in Stunden aufrechenbar, wie sehr uns der Anspruch an uns selbst lähmt. Ein Leben lang wird mittels Ernährung und Bewegung versucht, den Körper nach dem Wunschbild zu gestalten, und immer dann, wenn die tatsächliche oder auch nur gefühlte Differenz zum Wunschbild wahrgenommen wird, entsteht ein Gefühl des Versagens und der Schuld. Sobald wir diese Gefühle an uns heranlassen, geht gar nichts mehr, denn die Scham lähmt uns. Wir haben von Kindheit an gelernt, dass alles im Leben leichter wird, wenn wir dem Ideal entsprechen. Nicht nur die Medien, auch Verwandte, Lehrerinnen und Freundinnen wiesen uns den Weg. Sie lehrten uns, was sie selbst gelernt hatten: Die Schönen haben es leichter. Also streng' dich an, zu dieser Gruppe zu gehören.

Wir glauben diese Botschaften, weil wir sie immer wieder gehört und gelesen haben. Wir haben verinnerlicht, dass die Attribute jung, schlank, schön und sexy für Leistungsbereitschaft, Gesundheit und Fitness stehen und wir wissen, dass wir an den Türsteher*innen unserer Gesellschaft nur vorbeikommen, wenn wir uns alle Mühe geben, diese Ansprüche möglichst gut zu erfüllen. Natürlich wissen wir, dass wir nicht alle aussehen können wie das Popidol, die Barbie oder andere Vorbilder. Aber wir strengen uns an, wenigstens nicht zu denen zu gehören, die im Schönheitswettbewerb komplett versagt haben. Damit machen wir alles richtig, denn es geht gar nicht um die per se unmögliche Zielerreichung. Hauptsache, wir sind gute Konsumentinnen.

Die Schönheitsindustrie

Es sind handfeste Interessen von Wirtschaftsunternehmen, die uns dazu bringen, uns nichts sehnlicher zu wünschen und alles dafür zu tun, besser auszusehen. Eine riesengroße Branche mit zahlreichen Anbieter*innen verdient daran, dass wir alles dafür geben, das Körperideal zu erreichen. Es gibt viel Geld damit zu verdienen! Genau darum geht es, und mitnichten um das Wohl der Konsument*innen. Oder um es mit Comedian Sofie Hagen zu sagen: „Die Werbung, die mit Vorher-nachher-Fotos Diätprodukte verkaufen wollte, zeigte keine Fakten mehr, sondern ein schädliches Körperbild." Bei einer Freundin schnappte ich vor langer Zeit einmal den denkwürdigen Satz auf, „Die Diätindustrie ist die einzige Industrie, die davon lebt, dass ihre Produkte nicht funktionieren", und habe ihn seitdem nicht mehr vergessen.

Doch es sind nicht nur die Anbieter*innen von Diätprodukten. Ein Beispiel: Ich erinnere mich noch gut an den Besuch in einer Parfümerie, bei dem mir eine vielversprechende Wundercreme von der fürsorglichen Verkäuferin minutenlang auf meine Handoberfläche gerieben wurde. Der Unterschied zwischen linker und rechter Hand verblüffte zugegebenermaßen. Doch ich bin ja nicht blöd. Als ich am nächsten Tag ausprobierte, was passieren würde, wenn ich meine Handoberfläche mal ganz ohne Wundercreme eine Minute lang mit zärtlichen, kreisenden Bewegungen streichele, passierte exakt dasselbe. Mein Haut war anschließend rosig, zart und gut durchblutetet. Schmiert euch doch eure Wundercremes selbst wohin ihr wollt! Obwohl wir mittlerweile nach unzähligen fehlgeschlagenen Versuchen herausgefunden haben müssten, dass die Versprechen, die uns im Hinblick auf die Veränderbarkeit unseres Körpers gemacht werden, nicht eingehalten werden, kaufen wir immer wieder und voller Hoffnung die Produkte, die uns ein besseres Leben versprechen, wenn wir erst richtig sind.

Es sind nicht wenige Unternehmen, die etwas davon haben, dass wir uns nicht gut genug fühlen. Melodie Michelberger zählt in ihren Buch *Body Politics* eine ganze Reihe von Industriezweigen auf, die viel Geld mit unseren Zweifeln verdienen. Die bereits erwähnte Kosmetikindustrie, die uns verspricht, dass mittels ihrer Produkte unsere Haut, also unsere Oberfläche, unsere Verbindung zur Welt, besser aussieht. Egal ob es sich um dekorative Kosmetik handelt, mit der wir uns ein anderes Aussehen geben („Meine Augen sieht man ja kaum, wenn ich nicht geschminkt bin…"), oder um Problemlöser für angebliche Probleme wie Cellulitis, die uns erst eingeredet wurden, um uns anschließend ein Produkt dagegen zu verkaufen. Cellulitis-Cremes sind ein meisterhaftes Beispiel dafür, dass neue Produkte auf den Markt gebracht werden, um Probleme zu lösen, die wir vorher schlichtweg nicht hatten. Die Modeindustrie ist eine weitere Branche mit unglaublichen Umsätzen, die davon lebt, dass wir uns möglichst gut im Rampenlicht präsentieren wollen. Immer wieder werden neue Looks erfunden und man gibt sich noch nicht einmal größere Mühe, diese Kleidung so zu produzieren, dass sie jeder passt. Aber dazu komme ich im zweiten Teil.

Der große Bereich der Wellness- und Sport-Industrie verspricht uns die Traumfigur im Schlaf, selbstverständlich verbunden mit Fun und guten Gefühlen. Neue Sportarten werden erfunden, für die es selbstverständlich neuer Ausrüstung, Anleitung und Kleidung bedarf, damit möglichst viele daran verdienen können. Jede Neuheit, die der Selbstverbesserung dient, enthält das Versprechen, dass es dieses Mal – im Gegensatz zu allen anderen Versuchen vorher – garantiert funktionieren wird, und das ganz easy, mit ganz viel Spaß. Wem das noch nicht reicht, findet heutzutage leicht jemanden, der oder die das, was nicht wegtrainiert werden kann, einfach wegschneidet. Schönheitsoperationen werden immer normaler – auch die medizinische Industrie verdient gut daran, dass wir unseren Körper nicht mögen.

Auch mit Nahrungsmitteln, die Heilsversprechen mit sich bringen, kann richtig gutes Geld verdient werden, insbesondere mit Nahrungsmitteln, die sich weit von ihrem natürlichen Ursprung entfernt haben. Sie werden industriell erzeugt, vollgestopft mit Zusätzen, die alles noch gesünder und leckerer machen sollen. Dabei sollen wir vor allem nicht bemerken, dass die Produktoptimierung in erster Linie der Kostensenkung dient. Diese Kunstprodukte, die unserem Körper nicht nur die notwendige Energie zum Überleben zuführen, sondern unser Leben angeblich besser machen, werden von den Inhaltsversprechen der Werbung aufgeblasen, unterstützt von Theorien, die Ernährung fast zur Religion machen. Unzählige Menschen in Werbung und Medien verdienen ihren Lebensunterhalt damit, uns zu erklären, was angeblich gut für uns ist. Dabei könnten wir uns den ganzen neumodischen Kram auch sparen und statt der Kunstprodukte regionales Obst und Gemüse nehmen und unser Essen selbst zubereiten.

Es gibt so viele Themen, so viele Industriezweige, so viele Unternehmen, die an unserem Wunsch nach Optimierung verdienen. Kein Wunder, dass tagtäglich so viele Botschaften auf uns einprasseln, die uns einreden, dass wir unbedingt etwas unternehmen sollten, um uns zu verbessern. Alle wollen uns etwas verkaufen, und das funktioniert fantastisch – denn schließlich machen sie ein Geschäft mit unserem geringen Selbstbewusstsein und beuten unsere Unsicherheit aus. Sie verdienen daran, dass wir uns nicht gut genug fühlen und alles dafür tun, zumindest äußerlich ein besserer Mensch zu werden.

In den vergangenen Jahren mussten manche Botschaften angepasst werden, um wieder in den Zeitgeist zu passen und glaubhaft zu wirken – die Brigitte-Diät heißt nun Brigitte Balance –, aber worum es geht, ist letztlich dasselbe. Wir wissen ja schließlich, was am Jahresanfang ansteht: Jedes Jahr im Januar geht es darum, die guten Vorsätze zu nutzen, um den Körper zu minimieren.

Wenn allerdings aus der früher angesagten Diätpraxis FDH („friss die Hälfte") nun eine Ernährungstheorie namens Intervallfasten wird, ist eine neue Qualität erreicht. Im Gegensatz zu Diäten, die ein zwar wiederkehrendes, aber temporäres Projekt sind, bedeuten solche Ernährungstheorien eine dauerhafte Veränderung des Lebens, um ein neuer Mensch zu werden. Wir meditieren, joggen und fasten mit der Sehnsucht, auf eine andere spirituelle Ebene zu gelangen, wenn wir unserem Körper weniger von dem einen und mehr von dem anderen geben. Der Wunsch, ein besserer Mensch zu werden, sitzt tief in uns und die Grenze zwischen Persönlichkeitsentwicklung und Selbstoptimierung ist fließend. Problematisch wird es, wenn aus der persönlichen Sinnsuche ein Geschäftsmodell entsteht. Selbst wenn es sich um eine neue Lebensphilosophie zur Körperoptimierung handelt, die nichts kostet, weil mensch einfach weniger isst, finden sich bestimmt noch ein paar Produkte drumherum, die diesen Lifestyle erst richtig hip machen.

Die Industrie zapft unsere Ängste an. Die Angst vor Alter, Dicksein, Krankheit, und die Angst, zu den Verlierer*innen zu gehören, sitzt so tief, dass wir zu fast allem bereit sind und die Angebote der Unternehmen kaum hinterfragen. Wir haben verinnerlicht, dass wir nichts wert sind, wenn wir nicht schön genug, nicht schlank genug, nicht sexy genug und nicht jung genug für ein gutes Leben sind. Das treibt uns an. Selbst wenn eine Methode nicht funktioniert, bleiben wir dran und versuchen es weiter. Es könnte ja an uns liegen, vielleicht haben wir uns doch noch nicht genügend bemüht.

Und so treibt uns die Angst dazu, es weiter zu probieren, obwohl es keine Beweise gibt, dass auch nur eines dieser Produkte wirklich funktioniert. Es scheint, als wären wir wenig lernfähig. Einen anderen Grund kann ich mir nicht denken, wenn ich jedes Jahr im Januar wieder sehe, wie für kurze Zeit die Fitnessstudios voller Menschen mit guten Vorsätzen sind und dass die Brigitte-

Diät und ihre zahlreichen Kolleginnen, Verzeihung, das Balance-Angebot der Frauenzeitschriften, pünktlich zum Jahreswechsel erscheinen.

Aber noch einmal zurück zum Körperideal. Entscheidend ist seine Unerreichbarkeit. Gerade weil das Ideal bloße Theorie ist, kann sich niemand auf dem Status quo ausruhen. Frau könnte immer noch schöner, noch schlanker, noch fitter, jugendlicher und begehrenswerter werden. Das ist das prägende Leitbild unserer Leistungsgesellschaft. Die Grundlage dieser Gesellschaftsform besteht in der Überzeugung, dass alle es schaffen können, oben zu sein, wenn sie sich nur genügend anstrengen. Der Umkehrschluss ist: Wer die gesetzten Ziele nicht erreicht, hat sich nicht genügend angestrengt – selbst schuld.

Das propagierte Ideal ist dabei sehr nützlich, die Menschen durch permanentes Miteinander-Vergleichen dazu anzuregen, sich immer weiter selbst zu optimieren. Wer dem Ideal nahe kommt, ist im wahrsten Sinne „besser dran“ und kann und darf sich besser fühlen als diejenigen, die weit vom Ideal entfernt sind. Natürlich insbesondere dann, wenn es sich um scheinbar veränderbare Eigenschaften handelt.

Ohne dies zu hinterfragen, gehen wir heutzutage davon aus, dass die meisten Eigenschaften verändert werden können: Dicke sollen abnehmen, Hässliche sollen sich Mühe geben, hübscher zu werden, Alte sollen sich jünger machen – es gibt doch schließlich allerlei Möglichkeiten. Sobald die Meinung vorherrscht, das alles sei veränderbar, besteht Konsens, dass alle, die sich nicht genügend Mühe geben, dem Ideal zu entsprechen, selbst daran schuld sind, benachteiligt zu werden. Im umgekehrten Fall gilt das Gleiche: Privilegien werden als selbstverständlich angenommen – schließlich hat der- oder diejenige alles richtig gemacht und sich angestrengt. Leider wird dabei vergessen, dass nicht alles so leicht veränderbar ist, wie uns suggeriert wird und dass manche Menschen in der Geburtslotterie einfach Glück gehabt haben.

Wir glauben an die Versprechungen der Körperoptimierungs-Industrien wie an das Leistungsversprechen unserer Gesellschaft. Wir lieben Geschichten, die uns erzählen, dass alles möglich ist, in ihnen steckt die Geheimformel, mit der wir alles schaffen und vor allen Dingen alles erreichen können. Diese Erkenntnis übertragen wir auf alle Lebenssituationen und motivieren uns so, uns anzustrengen, in dem Glauben daran, dass es eine realistische Möglichkeit ist, unser Ziel zu erreichen. Dabei geht es nicht nur darum, etwas zu schaffen, ein persönlich definiertes Ziel zu erreichen und damit das nächste Level zu beackern. Wir warten auf Anerkennung von außen – erst dann haben wir es wirklich geschafft. Herzchen, die in den sozialen Medien verteilt werden, sind eine der Währungen, mit der wir bezahlt werden wollen, um der Unsicherheit zu begegnen. Das Feedback in Form von Herzchen ist flüchtig, deswegen sind wir so versessen drauf und wollen es immer wieder haben. Und dann hoffen wir darauf, dass jemand sagt: „Du darfst jetzt mal ein Päuschen machen, meine Liebe, du hast dich so sehr angestrengt." Aber selbst wenn das jemand tatsächlich aussprechen würde, so würden wir vermutlich auch in dieser Pause wieder versuchen, möglichst gut in unserer entspannten Achtsamkeit oder Yogaübung zu sein.

Doch egal, ob wir von Level zu Level surfen oder Pause machen mit Entspannungs-Challenges verwechseln: Es gibt immer eine passende Geschichte, um uns weiter anzuspornen. Am liebsten eine mit Zahlen.

Alle lieben Zahlen

Sobald uns eine Theorie mit Zahlen belegt wird, glauben wir sie. Wir sind verrückt nach Zahlen. Zahlen können einfach nicht lügen. Zahlen sind der Beweis, schließlich können wir rechnen und erkennen genau, was eine Zahl zu bedeuten hat. Zahlen geben den Theorien etwas Objektives, etwas Wissenschaftliches. Egal, wie krude die Zusammenstellung der Zahlen ist – sobald Zahlen im Spiel sind, neigen wir dazu, alles für bare Münze zu nehmen.

Viele Frauen sind geradezu besessen von Zahlen, die den eigenen Körper beschreiben. Nicht umsonst hat die Körperwaage vor etwas mehr als hundert Jahren einen Siegeszug durch die Badezimmer der Welt angetreten, wie Debora Frommeld in ihrem Buch über die Personenwaage feststellte. Es gibt Menschen, die können den Tag nicht beginnen oder beenden, ohne auf der Waage gestanden zu haben, als würde die Waage eine objektivierbare Einschätzung geben, wie sie sich fühlen oder ob es ein guter Tag war. Während die großen Veränderungen des Lebens und auch unseres Körpers eher schleichend passieren und erst nach einer längeren Zeitspanne überhaupt sichtbar werden, scheint es trotzdem ein starkes Bedürfnis zu geben, eine gewisse Sicherheit durch die Ermittlung von Zahlen zu erlangen, die den Körper beschreiben. Die Waage war ja erst der Anfang. Mittlerweile tragen Menschen ganz selbstverständlich Fitnesstracker, die Puls und Schlafrhythmus messen, tauschen sich über die Anzahl ihrer gelaufenen Schritte aus und nutzen Apps, die ihnen Befehle geben, wie sie den Rest des Tages fitnessmäßig optimieren können.

Egal ob wir unseren Körper mit Zahlen beschreiben, die unser Körpervolumen und unser Gewicht wiedergeben, oder ob wir uns einer Gruppe zuordnen, indem wir uns mit einer Konfektionsgröße identifizieren – letztlich geht es immer um Bewertung. Zahlen, die unseren Körper beschreiben, werden selten emotionslos zur Kenntnis genommen, denn wir sind es gewohnt, sie als Arbeitsauftrag zu nutzen. Wir setzen diese Zahlen in Relation, um uns zu vergleichen. Ist die Zahl höher als die Zahl von gestern oder vom vorigen Jahr? Habe ich mich nicht ordentlich angestrengt, wenn die Zahlen auch nur einen Hauch voneinander abweichen und der Zeiger der Waage in die falsche Richtung zeigt? Die Erhebung dieser Zahlen gibt uns das Feedback, das wir uns so sehr wünschen. Es ist das Echo, das uns versichert, wo wir stehen. Deswegen ist es auch so schwierig, die absoluten Zahlen einfach anzunehmen. Wir sind so tief in der Idee der Leistungsgesellschaft gefangen und glauben so sehr daran, dass ein idealer Körper die Eintrittskarte ins Paradies ist, dass wir diese Zahlen immer wieder ins Verhältnis setzen, die Zahlen miteinander und unsere Zahlen mit den Zahlen anderer Menschen vergleichen, um ein Gefühl dafür zu bekommen, wo wir stehen und wer wir sind. Also ob uns diese Zahlen das verraten könnten!

Das wirklich Hinterhältige an diesen Zahlen ist, dass es noch nicht einmal ein definiertes Ziel gibt. Es gibt kein allgemein gültiges optimales Gewicht oder den perfekten Brustumfang. Das kann es gar nicht geben, denn jede dieser Zahlen müsste zumindest in Zusammenhang mit anderen Zahlen wie zum Beispiel der Körpergröße gesetzt werden. Aber auch das würde noch lange nicht reichen. Zahlen wie zum Beispiel das Gewicht werden dazu genutzt, um Menschen in gesund oder ungesund einzuteilen, dabei ist Gesundheit sehr viel komplexer als nur eine Zahl auf der Waage. Doch die dahinterliegende Komplexität ist nur wenigen bewusst. Wenn auch Ärzt*innen bei dicken Patient*innen bei jedem beliebigen Krankheitsbild ohne ausführliche Diagnose eine Gewichtsabnahme vorschlagen, wie soll dann Lieschen Müller ein Verständnis dafür haben, dass das von Influencerinnen, Frauenzeitschriften, Freundinnen oder der eigenen Mutter propagierte Gewicht nicht der heilige Gral ist? Wir ackern und ackern, wir bemühen uns und strengen uns an, und dann gibt es noch nicht einmal einen Endpunkt, an dem wir unseren Erfolg feiern können. Da Körper verschieden sind und sich Gesundheit aus vielen Faktoren speist, kann es ein genaues Ziel, wann Perfektion erreicht ist, gar nicht geben. Das ist schwer zu ertragen, denn wir haben es gerne einfach. Deswegen orientiert sich die halbe Welt am BMI (Body Mass Index), der Menschen in „normal" und „übergewichtig" einteilt, obwohl diese Maßzahl seit langem dafür bekannt ist, dass sie höchstens als statistisches Maß zur Beurteilung von Gruppen dienen kann, aber ganz und gar nicht dafür, die Gesundheit, geschweige denn den Wert eines Menschen zu bestimmen, wie man in jedem beliebigen Buch über *Fat Acceptance* nachlesen kann.

Zwar haben wir sicher alle ein Bild im Kopf, wie die aktuelle Idealfigur aussieht, doch vermutlich sind diese einzelnen Bilder nie deckungsgleich, und selbst wenn sie es wären, ist unser Bild des eigenen Körpers viel zu verschwommen, um ein Erreichen des Ziels tatsächlich zu erkennen. Wir sind ja deswegen so zahlenfixiert, weil wir in Hinblick auf uns selbst nur schwer objektiv sein können. Wir sind so geübt, die Fehler an uns zu suchen, dass es uns schwer fällt, Erfolge anzuerkennen, selbst wenn wir sie scheinbar objektiv in Zahlen vor Augen geführt bekommen. Und daher fällt es so schwer, aufzuhören und anzuerkennen, dass es nun aber wirklich gut ist. Selbstoptimierung kennt kein Ende, denn es geht immer noch besser. Wir laufen einfach immer weiter und weiter im Hamsterrad der Selbstoptimierung.

Immer „mehr vom selben" zu machen, immer dieselbe Strategie anzuwenden, hat noch nie funktioniert. Veränderungen geschehen immer dann, wenn wir etwas Neues ausprobieren. Aber wie sollen wir auf die Idee kommen, die Strategie zu ändern, wenn wir das Gefühl haben, selbst daran schuld zu sein, dass etwas nicht klappt?

Die Problemzonen-Strategie

Solange wir glauben, dass jung, schlank, schön und sexy berechtigte Erwartungen an uns sind, die uns erst zu einem wertvollen Menschen machen, spielen wir das Spiel der Leistungsgesellschaft mit und lassen uns von der Hoffnung leiten, dass es doch funktionieren könnte, irgendwann erfolgreich zu sein. Doch wie funktioniert das Ganze? Warum akzeptieren und internalisieren wir diese Erwartung, jung, schlank und schön sein zu sollen? Warum beackern wir unsere Problemzonen, also herausgehobene Pseudoprobleme, und fühlen uns deswegen quasi permanent unzulänglich? Obwohl wir doch wissen könnten, dass uns die vorgeschlagenen Lösungen, vor allem das Kaufen von Produkten, noch nie weitergebracht haben? Warum sind die strukturellen Hintergründe so schwer zu erkennen, und warum fallen wir immer wieder darauf rein und machen Problemzonen zu unserem individuellen Problem, obwohl die Zusammenhänge durchaus offensichtlich sind?

Die Strategie ist simpel. Um den Blick auf das große Ganze zu verschleiern, wird wie mit einem Mikroskop an Details herangezoomt. Statt darüber nachzudenken, warum wir jung, schlank, schön und sexy sein sollen und was eigentlich unsere eigenen Prioritäten sind, kümmern wir uns um Details wie die erfundene Lücke zwischen den Oberschenkeln oder Falten. Wir sind tagein, tagaus damit beschäftigt, uns im wahrsten Sinne des Wortes im Detail zu verlieren. Die Details sind die sogenannten Problemzonen: Individuelle Herausforderungen, individuelle Aufgaben, individuelle Lösungsstrategien. Wir setzen sie mit Mühe, Beharrlichkeit und Kaufkraft um und sind so stets beschäftigt und haben kaum noch die Kraft, über den Tellerrand zu schauen. Wir merken gar nicht, wie wir damit individualisiert und gegeneinander ausgespielt werden, wie wir uns mit scheinbaren Problemen verausgaben, die wahren Probleme aber nicht anpacken.

Dabei bemerken wir nicht, wie unser Körper, und damit wir, zum Objekt gemacht wird. Solange wir dabei sind, die angebotene Aufgabe, Problemzonen zu optimieren, zu erfüllen, sind wir damit so sehr beschäftigt, dass wir keine Zeit und Kraft mehr haben, zum Subjekt unseres Lebens zu werden. Wir machen uns abhängig von den Bewertungen anderer, vergleichen uns immer wieder, ohne zu fragen, ob wir unseren Wert wirklich an diesen Kriterien messen wollen. Das unerreichbare Ziel führt dann zur doppelten Scham. Erst schämen wir uns für unseren unperfekten Körper und anschließend dafür, uns nicht genügend angestrengt zu haben, ihn zu optimieren. Das ständige Gefühl, den Ansprüchen nicht genügen zu können, macht etwas mit uns. Scham und Schuld halten uns klein. Die Mechanismen funktionieren perfekt. Wir sind beschämt, vereinzelt und viel zu beschäftigt, um zu bemerken, welches Spiel mit uns gespielt wird, geschweige denn, uns dagegen zu wehren.

Medien, Magazine und Frauenzeitschriften, die uns seit frühster Jugend begleiten, aber auch Aussprüche wie „So wie du aussiehst, bekommst du bestimmt keinen Mann“, weisen uns den Weg. Sie formen unser Selbstbild und geben eine Norm vor, auch wenn wir das nicht wollen und auch wenn wir Frauenzeitschriften kritisch betrachten. Wahrscheinlich sind wir alle mit der BRAVO aufgewachsen, unsere Mütter hatten ein Abo der BRIGITTE, oder wir blätterten bei anderen Menschen durch die bunten Magazine, wenn es sie bei uns zuhause nicht gab. Sie lehrten uns, wie eine Frau zu sein hat und machten uns damit klar, was von uns erwartet wird. Wir lernten, dass wir so, wie wir sind, als Frauen noch nicht „fertig“ waren, dass wir uns bemühen müssen und Zeit und Geld und Überlegung aufwenden müssen, um vom Entlein zum stolzen Schwan zu werden.

Heutzutage übernehmen eher das Fernsehen und Instagram und andere soziale Medien diese Rolle. Auf Instagram wird mit bunten Bildern übermittelt, was erstrebenswert sein soll und im Fernsehen wird vorrangig ein idealisierter Menschentyp gezeigt oder sich über vom Ideal abweichende Gruppen lustig gemacht. Wir wissen, dass das eine Kunstwelt ist und eigentlich ganz andere Dinge zählen – aber pünktlich zum Jahresanfang fragen sich auch körperpositive Feministinnen, ob es nicht doch wichtig wäre, den Winterspeck zu entsorgen, weil wir die Vorstellungen und Glaubenssätze, mit denen wir aufgewachsen sind, nicht einfach so ablegen können, auch wenn wir ihre Schädlichkeit grundsätzlich durchschauen. Das individuelle schlechte Gewissen ob irgendwelcher Problemzonen überlagert immer wieder die Ahnung, dass es sich um ein gesellschaftliches Problem handeln könnte, das nicht nur in Frage gestellt, sondern abgeschafft gehört.

Profiteure der Problemzonen-Strategie

Sobald ich erkannte, dass ich jahrelang Probleme zu lösen versuchte, die eigentlich gar keine Probleme sind, fragte ich mich, wer eigentlich ein Interesse daran haben könnte, mir bzw. „uns Frauen" zu schaden. Die Medien sind nur Erfüllungsgehilfen! Natürlich verdienen auch sie gutes Geld daran, dass sie uns „Orientierung geben", indem sie Probleme definieren und im gleichen Atemzug dafür Lösungen anbieten. Doch noch mehr profitiert im Hintergrund die „Beschämungs-Industrie": Unternehmen, die die Produkte herstellen, die uns als Lösung verkauft werden. Es lohnt sich, den Umweg über die Medien zu gehen, die den Frauen einreden, dass sie Probleme haben, denn steter Tropfen höhlt den Stein so lange, bis gar nicht mehr in Frage gestellt wird, ob ein Problem existiert, sondern nur noch nach einer Lösung, die gekauft werden kann, gesucht wird. Der Kreislauf, der dadurch in Gang gesetzt wird, ist letztlich ganz im Sinne des Kapitalismus: Mit jedem Scheitern an dem Problem, weil die angebotene Lösung doch nicht funktioniert, voller Gefühle der Beschämung und der Schuld, sind wir wieder dazu bereit, noch einmal Geld für eine Problemlösung zu investieren, uns wieder anzustrengen, wieder etwas zu kaufen.

Es klingt abstrakt, wenn ich den Kapitalismus als Problem benenne, denn ein System ist in der Tat abstrakt. Und doch ist es das System, das aus Überzeugungen wie „Wachstum bringt Wohlstand", „der Markt regelt den Preis" oder „Individuen verhalten sich nutzenmaximierend" einen Verhaltenskodex entwickelt, der Geld verdienen zu jedem Preis nicht nur okay, sondern vor allen Dingen auch erstrebenswert macht. Ganz unverhohlen gehört Werbung und Manipulation von Konsument*innen dazu – es wird noch nicht mal so getan, als handele es sich um Produktinformation. Unternehmen versuchen sich gegenseitig zu überbieten, um einander Kund*innen abzuluchsen. Menschen Probleme einzureden, um ihnen Lösungen zu verkaufen, ist eine selbstverständliche Taktik. Doch nicht immer wird das erfundene Problem so systematisch in die Gedankenwelt der Kund*innen implantiert, indem die Fundamente des Selbstwerts manipuliert werden. Damit das funktioniert, braucht es noch weitere Kräfte, die ein Interesse daran haben, bestimmte Käufer*innengruppen mit Hilfe von Problemzonen zu beeinflussen. Zusätzlich zu dem schnöden Interesse am Mammon kommt noch die Idee, marginalisierte Gruppen immer wieder darauf hinzuweisen, welch schmaler und wenig privilegierter Platz in der Gesellschaft ihnen zusteht. Die Profiteure des Patriarchats, sprich alte, weiße Männer, die schon lange Zeit von unseren gesellschaftlichen Bedingungen profitieren und vor dem Erstarken der Frauen durch den Wunsch, gleichwertiger Teil der Gesellschaft zu sein, verängstigt werden, tragen ihren Teil dazu bei, das System der Problemzonen aufrechtzuhalten. Solange Männer dort in der Überzahl sind, wo Entscheidungen getroffen werden, solange wir in einer patriarchalen Gesellschaft leben, in der die Frau „das Andere“ ist, wie Simone de Beauvoir schon vor siebzig Jahren eindrücklich schrieb, solange bestimmen sie, wie Körper bewertet werden.

Die Beteiligung von Frauen in allen Gesellschaftsbereichen, in der Politik, in der Wirtschaft, wird heute bis auf wenige Ausnahmen nicht mehr ernsthaft infrage gestellt. Aber gerade weil Frauen nicht mehr wegzudiskutieren sind, müssen die Waffen anders gewählt werden. Deswegen wird heute auf persönlicher Ebene angegriffen, um Frauen in ihre Schranken zu weisen. Das Aussehen, die Figur, das Gewicht, die Kleidung von Frauen, die in der Öffentlichkeit stehen, sind ein ständiger Diskussionspunkt, werden hämisch kommentiert und sexualisiert. Ricarda Lang, seit Februar 2022 Bundesvorsitzende von Bündnis 90/Die Grünen, zieht nicht nur Hass auf sich, weil sie für eine bestimmte politische Richtung steht, sondern auch, weil sie eine dicke, junge Frau ist. Solche persönlichen Angriffe funktionieren hervorragend und sind schlecht zu kontern. Was gibt es Persönlicheres als unseren Körper? Der Idealkörper ist das Symbol für alles, was von Frauen erwartet wird, also wird jede Abweichung vom Ideal als Angriffsfläche genutzt.

Es ist kein Wunder, dass die konservativen Kräfte in unserer Gesellschaft weitestgehend aus alten, weißen Männern bestehen, denn dies ist die Gruppe von Menschen, die etwas zu verlieren hat, wenn sie anderen Gruppen ermöglichen, mehr Raum einzunehmen. Es war so angenehm, das Leben voller Privilegien, selbst dann, wenn sie nicht bewusst wahrgenommen wurden! Kein Wunder, dass dieses gute Leben mit Zähnen und Klauen verteidigt wird. Obwohl gesellschaftlicher Wandel nicht aufzuhalten ist, versuchen diejenigen, die von den bisherigen Machtstrukturen profitieren, ihn mit allen Mitteln zu verhindern. Die Profiteure des Patriarchats sind diejenigen, die uns klein halten wollen. Mit den Argumenten der Leistungsgesellschaft, die die Schuld des Versagens auf uns abwälzt, haben sie ein probates Werkzeug gefunden, das ihnen nicht nur ihren Standard sichert, sondern gleichzeitig auch noch Geld in die Kassen spült.

Doch warum funktioniert diese Strategie so gut? Eigentlich ist sie leicht durchschaubar. Warum schließen wir uns nicht zusammen und setzen uns zur Wehr oder ignorieren einfach die von außen an uns herangetragenen Erwartungen? Die Antwort liegt in der Prämisse der Leistungsgesellschaft, jede*r sei selbst für sein bzw. ihr Glück und Fortkommen verantwortlich. „Selbst schuld" hält ja auch in anderen Zusammenhängen als Begründung her. Die Renten vieler Frauen sind zu wenig zum Leben? Selbst schuld, wären sie halt Investmentbankerinnen geworden statt Erzieherinnen, hätten sie halt ihre Arbeitszeit nicht reduziert, um Kinder zu versorgen – die Entscheidung lag doch bei ihnen! In dem Moment, in dem wir akzeptiert haben, dass es sich um individuelle Probleme handelt, kämpft jede für sich.

Vergleichen lähmt

Wie spielen das Spiel mit, indem wir individuell versuchen, die Anforderungen an uns zu erfüllen, statt miteinander die Spielregeln zu ändern. Den Gedanken der Leistungsgesellschaft, dass es Sieger geben muss, haben wir so tief verinnerlicht, dass wir andere Frauen als Wettbewerberinnen, statt als Kooperationspartnerinnen sehen. Das, was uns trennt, ist etwas, das gefühlt zu uns gehört wie Hanni zu Nanni: das Vergleichen.

Vergleichen ist die Pest. Vergleichen macht uns nur unglücklich. Warum tun wir es trotzdem und können nur so schwer davon lassen? Lebten wir ganz alleine auf der Welt, würden wir uns niemals die Frage stellen, ob wir richtig oder gut genug wären. Wir würden vor uns hinleben und das tun, was uns möglich ist. Vermutlich würden wir wenig darüber nachdenken, wie unser Körper aussieht und uns höchstens ärgern, wenn etwas nicht so klappt, wie wir es uns vorgestellt hatten. Am nächsten Tag würden wir es anders versuchen oder uns mehr anstrengen, und dann würden wir schon sehen, wohin es uns führt.

Doch in so einer Welt leben wir nicht. Ständig vergleichen wir uns. Wir beurteilen uns, unser Aussehen, unsere Fähigkeiten und unsere Leistungen danach, wie sie in Relation stehen zum

Aussehen, zu den Fähigkeiten und den Leistungen anderer. Je nachdem, wohin wir schauen, können wir folglich stolz auf uns sein oder müssen uns eingestehen, dass die anderen hübscher, fähiger oder erfolgreicher sind als wir. Immer dann, wenn wir uns vergleichen, arrangieren wir die Vergleichsergebnisse in einer hierarchischen Anordnung. Da geht es nicht um anders, sondern um besser oder schlechter.

Wir vergleichen uns mit anderen, weil wir es von Kindheit an gelernt haben. Die Note, die wir für unsere Klassenarbeit bekamen, lernten wir im Notenspiegel einzuordnen. So konnten wir vor unseren Eltern argumentieren, dass eine Drei doch im Vergleich ganz gut ist. Solange wir uns im Mittelfeld bewegten, war die Situation wenig bedrohlich, doch die Richtung war klar: Es darf nur nach oben gehen. Wenn wir uns anstrengen, dann geht noch was. Je früher wir dieses System verstanden, umso besser waren unsere Schulnoten. Uns allen war klar, was es bedeutet, nicht gut genug zu sein, denn keine von uns wollte diejenige sein, die wegen schlechter Noten sitzen bleibt oder bei Ballspielen als Letzte in die Mannschaft gewählt wird. Kinder lernen also schon früh, wie der Hase läuft, und auch als Erwachsene glauben wir immer noch daran, dass Leistung lohnt. Zumindest bekommen wir das erzählt. Das Narrativ, der Mythos, hält sich hartnäckig, dass gesellschaftlicher Aufstieg „vom Tellerwäscher zum Millionär" für alle, die sich anstrengen, möglich ist. Also geben wir uns alle Mühe und versuchen, besser zu werden. Wir vergleichen uns mit Kolleg*innen und Nachbar*innen und immer dann, wenn wir es besser haben als sie, ist das schon fast Belohnung genug.

Durch Gamification werden wir in allen Lebensbereichen darauf getrimmt, immer mehr erreichen zu wollen. Verwandle lästige Aufgaben in ein Spiel, und dann ist alles ganz einfach, empfehlen Fitnessgurus wie Mark Maslow. Alles ist ein Wettbewerb, Anstrengung wird belohnt und Anerkennung bekommt diejenige, die die meisten Herzchen auf Instagram hat. Was dabei verloren geht, ist Mitgefühl, Empathie und die Gemeinsamkeit. Wenn Zufriedenheit nur darauf beruht, besser als andere zu sein, dann nützt es uns, wenn es anderen schlechter geht als uns. Unser Triumph basiert auf den schlechten Gefühlen der anderen. Bekommt da der Sieg nicht einen bitteren Beigeschmack? Schließlich wissen wir alle, dass wir oft genug nicht auf dem Siegertreppchen stehen. Wie oft habe ich schon im Leben die Erfahrung gemacht, dass ich keinen Schritt weiter komme, wenn ich zu der Gruppe von Menschen gehöre, die gegeneinander ausgespielt wird. Was hätten wir Geschwister damals alles bei den Eltern erreichen können, wenn wir uns zusammengetan hätten, statt gegeneinander zu kämpfen. Was hätte ich verdienen können, wenn in der Firma alle offen über ihr Gehalt geredet hätten, statt die unausgesprochene Geheimhaltungsregel zu befolgen, die letztlich nur dem Unternehmen nützt.

Wir haben die Wahl. Wir können aus dem ewigen Vergleichen aussteigen und einfach sagen „alle Menschen sind okay“ und „alle Körper sind okay“. Der Preis dafür wäre, dass keine mehr auf dem Siegertreppchen stehen würde. Sind wir dafür bereit? Oder steckt der Wunsch, jung, schlank und schön sein zu wollen, so tief in unserer DNA, dass es sich einfach zu gut anfühlt, diese Attribute zu erreichen?

„Mein Körper ist eine Demo. Ich will ihn so, wie er ist, denn er passt ganz besonders gut zu mir. Er ist so, wie ich lebe, das ist ziemlich okay. Nicht, weil ich mich selbst besonders großartig finde. Sondern weil ich mich nicht schäme. Mache ich einfach nicht."

(Margarete Stokowski: Die letzten Tage des Patriarchats)

Die Scham, am eigenen Körper zu versagen

Ich brauchte eine ganze Weile, bis ich dieses Gefühl loswurde, am eigenen Körper versagt zu haben, obwohl ich schon einige Zeit vorher damit begonnen hatte, das Körperideal infrage zu stellen. Mir war schon klar, dass nicht alle Menschen gleich aussehen können, dass Körper unterschiedlich sind und dass es nicht ganz so einfach sein kann, einen idealen Körper mittels einfacher Formeln bezüglich Nahrungsaufnahme und Bewegung zu gestalten. Mein Kopf hatte das alles verstanden, aber ich fühlte mich immer noch schlecht. Obwohl ich mir sagte, dass es weniger schlimm ist, einen nicht-idealen Körper zu haben, als es mir die Gesellschaft weismachen wollte, wurde ich die damit verbundenen schlechten Gefühle nicht los. Vielleicht hatte ich mich irgendwo verrechnet? Hatte ich etwas übersehen? War vielleicht doch etwas dran, dass ich die scheinbar einfachen Formeln nicht verstanden hatte? Oder noch schlimmer: War ich einfach zu faul, das umzusetzen, was doch so einfach zu verstehen war?

Erst durch die Gespräche in Kathrin Gärtners Youtube-Serie zum Thema Scham verstand ich, dass „selbst schuld" viel besser mit dem Begriff „Scham" beschrieben wird, und ich erkannte, warum ich mich so unwohl fühlte. Es reicht nicht, wenn ich mir vornehme, meinen Körper so zu akzeptieren wie ich bin und Vielfalt zu propagieren! Die Ansprüche von außen, das gesellschaftliche Ideal, kommen immer wieder durch. Der Druck von außen ist so groß, die Botschaften so laut, klar und deutlich, dass ich mich nicht dagegen wehren kann, egal wie oft ich mir meine Mantren vorsage, mit denen ich die positiven Gedanken in mir festigen will.

Der Begriff Scham hat zwei Seiten: Es gibt sowohl die Scham, die ich fühle, als auch die Scham, die andere in mir erzeugen, indem sie mich beschämen. Es ist so schwierig, die Scham loszuwerden, wenn die Welt um mich herum mit dem Beschämen einfach nicht aufhören will. Bei so vielen Menschen existiert die Überzeugung, dass nur den perfekten Körpern der Weg ins Himmelreich offen steht. Deswegen scheint es recht und billig, alle zu beschämen, zu beleidigen und zu verletzen, die ganz offensichtlich keine Lust oder keine Kraft haben, den Weg zum perfekten Körper zu gehen. Dieses Beschämen verletzt nicht nur, sondern es erzeugt und verfestigt immer wieder in der beschämten Person ein Gefühl der Scham.

Das Schämen mag durch Bemerkungen, oder aber auch eigene Gedanken ausgelöst worden sein. Doch es bleibt nicht bei Gedanken – es wird ein Gefühl. Es ist ein Gefühl, gegen das wir uns nur schwer wehren können. Wir können es nicht verdrängen und abschalten, genausowenig, wie wir uns dagegen wehren können, zu erröten. Es ist in uns, es ist ein Teil von uns, aber offensichtlich haben wir keine Kontrolle darüber. Und es fühlt sich ganz und gar nicht gut an!

Das Gefühl der Scham ist sehr mächtig. Oder anders gesagt: Die Strategie, Gegner*innen zu beschämen, ist sehr mächtig. Sie ist der ultimative Dolchstoß. Ist es gelungen, die Gegner*in zu beschämen, liegt sie am Boden und wehrt sich nicht mehr. Scham trifft uns in unserem tiefsten Inneren, deswegen macht sie uns so kraftlos. Vermutlich ist es sogar noch effektiver, zu beschämen als zu töten, denn die verletzte und beschämte Person am Boden fühlt, dass sie besiegt wurde. Der Triumph kann noch viel länger ausgekostet werden.

Scham macht ohnmächtig. Kein anderes Gefühl kann daneben bestehen, kein anderer Gedanke. Die Scham beherrscht alles. Ich hatte lange nicht verstanden, wieso ich nicht wütend wurde, wenn mein Körper beschämt wurde, warum ich nicht aufbegehrte und nicht zu kämpfen begann. Erst, als ich verstand, dass ich beschämt am Boden lag und buchstäblich wehrlos gemacht wurde, dass die Scham mich derart beherrschte, dass ich schwach und kraftlos wurde, konnte ich mir verzeihen, dass ich passiv war. Kein Wunder, dass ich keine Kraft hatte, mich zu wehren. Ich war besiegt. Man hatte mich zutiefst getroffen, indem man meinen Körper beschämte.

Bei der Körperscham handelt es sich um eine doppelte Scham. Wir schämen uns für das, was wir zufällig bekommen haben – unseren Körper – und wir schämen uns dafür, diesen nicht nach dem Körperideal gestaltet zu haben. Das schlechte Gewissen, nicht alles dafür getan zu haben, den Körper zu verbessern, wird also noch verstärkt durch eine fundamentale Kritik an uns selbst. Wir sind unser Körper, ich bin mein Körper. Nicht nur mein Körper ist falsch, sondern ich bin falsch – so bekommt die Aussage noch ein viel stärkeres Gewicht und ist noch tausendmal verletzender. Es wird uns nicht nur vor Augen geführt, dass wir in einem Vorhaben versagt haben, sondern wir werden dafür kritisiert, wer wir sind und dass wir sind, wie wir sind. Gleichzeitig wird uns scheinbar freundlich ein Ausweg aus der Scham präsentiert, indem suggeriert wird, dass wir doch etwas ändern können, wenn wir uns anstrengen. Indem uns weisgemacht wird, dass wir unser vom Zufall zugewiesenes Selbst verändern können, bekommen wir eine Aufgabe gestellt. Es ist eine Prüfung, um doch noch die Chance zu bekommen, zu den Auserwählten zu gehören. Immer wieder werden uns Methoden vorgeschlagen, wie wir unseren Körper verändern können: Jedes Jahr gibt es neue Diät- und Bewegungskonzepte, die Wunder versprechen. Es kann einfach nur an uns, unserem mangelnden Willen und unserem schwachen Einsatz liegen, wenn es nicht klappt.

Das Gefühl, auch noch selbst dafür verantwortlich zu sein, zieht uns noch mehr runter, es macht uns krank. Scham und Diskriminierung führen zu den gleichen Krankheiten, die üblicherweise dicken Menschen zugeschrieben werden: Eine Studie über Scham von 2004 hat nachgewiesen, dass Gefühle von „niedrigem sozialem Ansehen" die Werte des Stresshormons erhöhen und das Selbstwertgefühl senken. Stress kann zu Herzkrankheiten, Angststörungen, Depressionen, Diabetes und – ach – zu Gewichtszunahme führen. So wird ein unaufhörlicher Kreislauf in Gang gehalten: das Hamsterrad der Selbstoptimierung.

„Schlanksein ist keine Leistung."

Antonie Post: Ist Schlanksein eine Leistung?

Der Kampf um den Körper

Alle diese Strategien, die Individualisierung, die Scham und die Schuld, das Fokussieren auf sogenannte „Problemzonen", verhindern, die Zusammenhänge zu sehen. Solange wir individuell darüber nachdenken, warum wir bestimmte Ziele nicht erreicht haben oder wie wir uns noch mehr bemühen könnten, sind wir so mit uns beschäftigt, dass es schwierig wird, die dahinterliegenden Strukturen zu verstehen. Wir sind soziale Wesen und das treibt uns an. Wir leben nicht alleine und können nicht auf uns selbst gestellt existieren. Wir brauchen die anderen, die Gruppe, die Gemeinschaft, und wir brauchen den Blick von außen, um uns selbst zu erkennen. Deswegen ist es uns so wichtig, etwas wert zu sein. In dem Wörtchen begehrenswert steckt der Wert schon drin.

In unser durchökonomisierten Gesellschaft ist es kein Zufall, dass auch wir uns über einen gewissen Wert definieren, dabei wollen wir doch eigentlich genau so gemocht werden, wie wir sind. Was wir dabei übersehen ist, dass es die anderen genauso machen. Wir taxieren einander und versuchen den eigenen Wert in Relation zu anderen zu bestimmen. Immer mit der Hoffnung, dass wir einigermaßen gut dabei wegkommen, dass es andere gibt, die weniger attraktiv sind als wir. Statt uns zusammenzutun und gemeinsam aus dem Hamsterrad der Selbstoptimierung auszusteigen, kämpft jede ihren eigenen Kampf, den sie eigentlich nur verlieren kann.

Doch es fällt schwer, die individuelle Perspektive zu verlassen, solange wir uns persönlich getroffen fühlen. Solange wir unseren eigenen Wert durch den Vergleich mit anderen und mit dem Ideal bestimmen, bleibt uns der Blick für strukturelle Ursachen verschlossen. Dabei könnte genau das der Ausweg sein! Individualisierung ist unsere offene Flanke! Wir stehen alleine da und sind wehrlos. Es reicht noch nicht aus, die Funktionsweise der Leistungsgesellschaft, des Patriarchats und der damit verbundenen Diätkultur zu entlarven, solange wir immer wieder in Verhaltensweisen zurückfallen, die von der Hoffnung angetrieben werden, dass es für die Einzelne doch möglich wäre, sich zu verändern.

Ich glaube jedoch, dass Körperveränderung weitaus weniger möglich ist, als von den Profiteuren der Problemzonen-Strategie behauptet wird. Zahlreiche Studien haben nachgewiesen, dass Diäten nicht auf Dauer funktionieren. Eine Gewichtsabnahme ist zwar möglich, aber der Großteil der Menschen nimmt das abgenommene Gewicht wieder zu. In einer britischen Studie mit mehr als 175 000 Personen hatten 78 Prozent der Teilnehmer*innen fünf Jahre nach der Diät wieder ihr altes Gewicht zurück oder wogen sogar mehr als vorher. Das sogenannte „Idealgewicht“ erreichte überhaupt nur eine von 124 Frauen, bei den Männern nur einer von zweihundert. Intellektuell ist uns das alles längst klar und wir wissen, wie unwahrscheinlich es ist, die Gestalt unseres Körpers durch Diäten oder Wundermittel auf Dauer zu verändern. Wider besseres Wissen geben wir die Hoffnung nicht auf.

Ich fürchte, es wird nicht so leicht sein, wirklich anzuerkennen, wie wenig Einfluss wir tatsächlich auf unseren Körper haben, denn damit wird entwertet, wie wir in der Vergangenheit lebten. Es fängt schon ganz früh an, dass wir zum Beispiel lernen, Kalorien zu zählen und Lebensmittel in gut und schlecht zu unterteilen – mein Kind lernte das ganz offiziell schon in der Kita. Dort wurden nicht nur die Inhalte der Brotdosen verglichen, auch das Bild der Ernährungspyramide hing über dem Esstisch. Klar bin auch ich der Meinung, dass zuckerhaltige Getränke kein Grundnahrungsmittel sind, aber komisch kam es mir schon vor, als mein fünfjähriges Kind mir plötzlich Vorträge über Ernährung hielt.

Der Wunsch, dem gängigen Körperideal von jung, schlank, schön und sexy zu entsprechen, führt dazu, dass viele Frauen ihr Leben lang Diät halten oder immer dann, wenn sie es nicht tun, ein schlechtes Gewissen haben. Ich konnte das zunächst auch nicht glauben, bis ich bei Laurie Penny die brutale Formulierung las, dass ein Großteil der Frauen ein Leben lang und auch noch freiwillig hungert. In der Tat – in unseren Breitengraden hungern die Menschen nicht, weil es zu wenig Nahrungsmittel gibt, sondern weil sie sich dafür entscheiden. Die wenigsten Frauen haben ein wirklich ungezwungenes Verhältnis zum Essen, denn Essen wird weniger als Energiequelle, die unser Körper braucht, denn als schädliches Produkt angesehen, das sich auf den Hüften absetzen könnte. Das hat eine lange Tradition: Eine der sieben Todsünden ist die Völlerei! Wir sollten uns alle mäßigen und in Verzicht üben, um gute Menschen zu sein. Warum erinnert mich das nur so sehr an heutige Ernährungstheorien? Sich kasteien hatte schon immer etwas Heiliges und wie nett, wenn frau davon auch noch rank und schlank wird. Ich weiß, vermintes Gebiet. Nehmen Sie es einfach als Gedankenanstoß. Es könnte ja auch sein, dass ich mich in manchen Fällen irre.

Was mich allerdings wirklich traurig macht, ist die Vorstellung, dass viele Frauen ein Leben lang hungern. Hey, wir leben in einem Land, in dem es noch gar nicht so lange normal ist, dass für alle genug zu essen da ist, und unzählige Menschen hungern freiwillig. Das ist schon irgendwie krass. Aber natürlich ist es ein Distinktionsmerkmal im Sinne von „Schau her, ich kann es mir leisten, nichts zu essen, denn ich könnte ja, wenn ich wollte." Ist es nicht zutiefst deprimierend, dass unzählige Frauen gemeinsam mit anderen am Esstisch mit den köstlichsten Gerichten nicht zugreifen und essen, was sie gerne essen würden? Stattdessen lügen sie und behaupten, sie hätten gerade keinen Hunger. Oder sie essen, um dazuzugehören, um hinterher auf der Toilette alles wieder herauszukotzen. Ich bin keine Expertin für Essstörungen, aber ich kann gut nachvollziehen, wenn Laurie Penny erklärt, dass diese Art mit Nahrung umzugehen wenigstens ein Gefühl der Macht und Kontrolle gibt, das in anderen Bereichen fehlt.

Ich wünschte, das Verständnis, dass Diäten nicht funktionieren und dass wir unseren Körper tatsächlich sehr viel weniger verändern können, als wir denken, würde uns genau dieses Gefühl der Macht geben. Die Macht, diese Verhaltensweisen abzulegen, weil sie uns schaden und uns auch seelisch kaputt machen. Natürlich können wir Veränderungen erreichen, wenn wir unser Essverhalten massiv kontrollieren und regulieren – aber zu welchem Preis! Vielleicht wird der Wahnsinn der Selbstoptimierung, dem wir uns Tag für Tag aussetzen noch verständlicher, wenn wir über den Lauf des Lebens nachdenken.

Akzeptanz

Sicher, wir können etwas für unsere Fitness tun und auch das Bauchfett manipulieren, aber das Altern können wir nicht aufhalten. Auch ein fitter Körper stirbt irgendwann. Vorher bekommt dieser fitte Körper Falten, die Bandscheiben ziehen sich zusammen, Herz und Hirn arbeiten schwerfälliger, rund um die Taille sammelt sich weiches Gewebe an und diverse Zipperlein verändern ihn. Wir können der Abnutzung und dem Verfall unseres Körpers nicht ausweichen. Vielleicht können wir durch den einen oder anderen Trick den Alterungsprozess verschieben. Aber ist das wirklich so einfach? Und wer verdient daran? Handelt es sich nicht nur wieder um leere Werbeversprechen?

Kurzum: natürlich können wir hier und da etwas verändern. Ich leugne nicht, dass eine Abnahme oder ein Muskelzuwachs möglich ist. Natürlich können wir die Stirn mit Botox glätten – aber wir müssen das alle paar Monate wieder auffrischen. Wir können unseren Körper durch Sport fit und geschmeidig halten, und trotzdem altern unsere Organe still vor sich hin. Wir können uns jugendlich kleiden, die gleiche Kleidergröße tragen wie mit zwanzig, und trotzdem wird unser Körper unvermeidlich zu dem einer alten Frau. Das Alter lässt sich nicht aufhalten – nur der Anschein ist optimierbar.

Egal um welche Körperveränderung es sich handelt und welches Ziel wir damit verfolgen, für mich stellt sich die Frage: Wie lange hält der Effekt, welchen Preis zahlen wir dafür, und warum machen wir das ganze eigentlich? Den Preis, den wir zahlen, spüren wir oftmals gar nicht mehr, weil die Anstrengungen so selbstverständlich scheinen. Schließlich unterwerfen sich fast alle ein Leben lang diesen Anstrengungen. Aber wir bezahlen diesen Preis, obwohl wir wissen, dass wir doch alle sterben werden, egal wie sehr wir versuchen, diese Tatsache zu leugnen.

Mittlerweile empfinde ich das Altern als lästig, aber das Alter an sich durchaus als eine Chance. Nach den Wechseljahren und dem Ende der Fickbarkeit lebt es sich eigentlich ganz angenehm. So viele Aufgaben fallen weg – es interessiert nicht mehr so sehr, ob ich jung, schlank und schön bin. Das nimmt mir eine große Last von den Schultern. Ich glaube, wir mittelalten, älteren und alten Frauen haben die Wahl. Wir können versuchen, den Zustand „eine richtige Frau zu sein" – wie es die Welt von uns verlangt – so lange wie möglich aufrecht zu halten (oder zumindest dessen Schein). Oder wir nutzen die Chance, aus dem Hamsterrad der Selbstoptimierung auszusteigen.

„Wenn das alles stimmt, habe ich ganz ohne Grund die gemeinsten und grausamsten Dinge zu mir und meinem Körper gesagt. Es hieße, der Feind war nie mein Körper, nie mein Fett. Vielleicht hatte ich die ganze Zeit Liebe verdient. Vielleicht war ich die ganze Zeit genauso viel wert wie alle anderen."

Sofie Hagen: Happy Fat

Schluss mit der obsessiven Beschäftigung mit dem Körper

Wir leben von Geburt an in einer Gesellschaft, die uns ständig vor Augen führt, dass wir nicht gut genug sind, dass unser Körper diese oder jene Schwachstelle hat. Man könnte uns nachts wecken und wir würden unsere Problemzonen herunterbeten. Aber was ist, wenn das alles gar nicht wahr wäre? Was ist, wenn das alles gar nicht stimmt? Das Problem ist, dass wir das vielleicht sogar verstehen, es aber nicht fühlen können, weil die Überzeugungen über uns und unseren Körper so fest verankert sind. Wir sind es gewöhnt, negativ über unseren Körper zu denken, wir sind es gewohnt, ihn zu hassen. Daher ist es nicht einfach, wirklich zu begreifen, zu fühlen, was wir theoretisch verstehen. Doch wie geht das, ein Gefühl zu ändern?

Mittlerweile kann ich das Gefühl, das ich am 20. Januar 2012 bei meinem Anblick im Spiegel hatte, besser in Worte fassen. Neben meiner Begeisterung für den neuen Mantel und mein neues Ich, gab es einen Gedanken, der mich seitdem nicht mehr losließ: Was ist, wenn das alles, woran ich bisher glaubte, nicht wahr wäre? Was ist, wenn ich auch schon vorher, ohne neuen

Mantel, eine schöne, wertvolle, tolle Frau gewesen wäre? Mit dem Gedanken „Was ist, wenn das alles nicht wahr wäre?", eröffneten sich für mich gedanklich neue Möglichkeiten und mir wurde klar, was ich eigentlich schon wusste, dass das angestrebte Ideal einen Preis hat und dass es bedenkenswert ist, Alternativen auszuprobieren. Möglicherweise fällt den Jungen, Schönen und Schlanken wirklich einiges leichter, vielleicht bekommen sie tatsächlich ein größeres Stück vom Kuchen ab – aber sie zahlen auch einen Preis dafür.

Ich habe drei Mal in meinem Leben viel Gewicht verloren und ja, plötzlich wurde vieles einfacher. Ich konnte einfach so in Läden gehen, um etwas zum Anziehen zu kaufen, ich bekam eine Menge Komplimente für meinen schlanken Körper und dass ich so hart dafür gearbeitet hätte, und auch die Männer interessierten sich nun mehr für mich. Aber ich zahlte einen hohen Preis: Ich konnte dieses „Idealgewicht" nur so lange halten, wie ich extrem diszipliniert lebte. Ich musste mindestens viermal die Woche Sport machen und auf leckere Getränke und den Nachtisch verzichten. Wenn ich Zeit hatte, mich zu verabreden, dann wählte ich im Restaurant nicht das aus, worauf ich Lust hatte, sondern die Gerichte mit den wenigsten Kalorien. Sobald ich begann, etwas weniger streng mit mir zu sein, kamen die verlorenen Pfunde wieder. Aber das Allerschlimmste daran war: Gewicht zu verlieren oder das Gewicht zu halten, dominierten mein Leben. Alles drehte sich darum. Ich hatte kaum noch Zeit für anderes und in meinem Kopf gab es wenig Freiraum für andere Gedanken. Es war wie eine Lebensaufgabe: Ich musste buchstäblich alles dafür tun, um „normal" zu bleiben. Das konnte ich nicht durchhalten. Ich wollte wieder andere Dinge tun, meinen Kopf zum Denken benutzen und ich wollte ich sein, auch wenn der Preis dafür wäre, eine andere zu sein.

Allmählich verstand ich, was hinter meinen Wünschen nach Körperoptimierung steckte. Ich hatte viel zu lange den Erwartungen und Versprechungen geglaubt und mich angestrengt. Dabei war schon alles da. Ich hatte unhinterfragt die Hypothese geglaubt, dass wir durch Selbstoptimierung alles erreichen können.

Heute weiß ich: Wir können unseren Körper weitaus weniger verändern, als man uns glauben lässt. Diese Denkweise verändert alles. Nachdem ich verstanden hatte, dass es handfeste Interessen und Profiteure gibt, die mich dazu anhalten, meine Anstrengungen auf die Veränderbarkeit meines angeblich so minderwertigen Körpers zu konzentrieren, konnte ich mich dagegen entscheiden, das Spiel weiter mitzuspielen. Als mir klar wurde, dass ich weder das Ideal jemals erreichen werde, noch dass tatsächlich das versprochene Himmelreich auf mich wartet, würde ich endlich jung, schön, schlank und sexy, konnte ich endlich aus dem Hamsterrad der Selbstoptimierung aussteigen.

Der erste wichtige Schritt, die Problemzonen abzuschaffen, ist zu verstehen, woher sie kommen, warum es sie gibt und wer ein Interesse hat, unseren Glauben daran aufrecht zu erhalten. Nach dem Verstehen wird es uns leichter fallen, unsere obsessive Beschäftigung mit dem Körper sein zu lassen und uns auf Neues zu konzentrieren. Es wird Zeit, den Fokus unserer Anstrengungen auf Körperoptimierung zu verlassen, um bei uns selbst anzukommen. Dazu habe ich eine spannende Idee: Konzentrieren wir uns zunächst auf etwas, das wir tatsächlich verändern können und das uns fast ebenso ausmacht wie unser Körper. Beschäftigen wir uns mit Kleidung.

II. Kleidung

Kleidung ist die Chance,
einen anderen Menschen aus uns
zu machen.

Kleidung als Chance

Rund um den Körper habe ich schon Problemzonen entlarvt, bei denen deutlich wurde, warum sie uns verletzlich und verwundbar machen. Kommen wir zum zweiten großen Thema dieses Buches, zur Kleidung.

Kleidung und Körper hängen eng zusammen – im wörtlichen und im übertragenen Sinn. Sie beeinflussen einander, aber man kann beides nicht über einen Kamm scheren. Der Körper, das bin ich. Kleidung ist etwas „für mich". Kleidung ist etwas, das zu mir gehört, das mich wärmt, schützt und noch viel mehr. Kleidung ist außerdem ein Kommunikationsmittel, mit dem wir der Welt zeigen, wer wir sind, das uns Teilhabe und Würde ermöglicht. Doch leider hat Kleidung über die individuelle Funktion hinaus noch viel größere Auswirkungen, die wir uns bewusst machen sollten. Während es im ersten Teil um uns ganz persönlich ging, zeige ich in diesem Teil auf, dass sich unsere individuellen Handlungen, unser Mitspielen im System, nicht nur auf unser Leben auswirken, sondern auch auf unsere Lebenswelt.

Während unser Körper uns von der Natur gegeben und kaum veränderbar ist, wählen wir die Kleidung aus, mit der wir diesen Körper bedecken. Natürlich gibt es unzählige Anforderungen an uns und unsere Kleidung, und natürlich haben das Patriarchat und der Kapitalismus auch in diesen Lebensbereich die Finger im Spiel. Auch hier gibt es Problemzonen, doch weil wir Kleidung nach Belieben an- und ablegen können, sind die Problemzonen sehr viel leichter abzuschaffen.

Die Sprache der Kleidung

Kleidung ist unsere zweite Haut. In mehreren Schichten umhüllt sie den Körper, wärmt und schützt ihn und macht gleichzeitig etwas Magisches: Kleidung kommuniziert mit unserer Umwelt. Unser Kleidungsstil, die Beschaffenheit und Qualität unserer Kleidung, verraten, wer wir sind oder wer wir sein wollen. Wir ordnen uns mit bestimmten Stilmitteln einer Gruppe zu, wir signalisieren, wie vermögend wir sind. Mit frisch gewaschener und gebügelter Kleidung zeigen wir, dass wir Wert auf unser Äußeres legen, mit dem Anlass entsprechender Kleidung, dass wir einer Situation Respekt zollen.

Auch wenn wir uns noch so sehr bemühen, uns von Vorurteilen zu befreien und alle Menschen einfach so zu nehmen, wie sie sind, so können wir uns doch nicht dagegen wehren, bei Begegnungen einen sekundenschnellen Check zu machen, um den Menschen in eine Schublade einzuordnen. Diese Einordnung gibt uns Sicherheit – wir wollen einfach wissen, mit wem wir es zu tun haben. Handelt es sich um Freund oder Feind? Wie ähnlich sind wir einander? Worauf muss ich bei der Interaktion mit diesem Menschen achten? Wir nehmen dabei den Körper, die Mimik und Gestik ebenso wahr wie die Kleidung, die diesen Körper umhüllt. Je nachdem, wie sehr wir uns für Kleidung oder für Statussymbole und Zeichen interessieren, schauen wir oberflächlich oder genauer. Doch auch für wenig Interessierte gilt: Wir können uns des ersten Eindrucks nicht erwehren und ziehen blitzschnell unsere Schlüsse aus dem, was wir sehen. Die Einordnung geht so schnell, weil wir uns auf vergangene Erfahrungen berufen können. Denken Sie zum Beispiel an Rollkragenpullover oder die schwarze Kleidung, in die sich Künstler*innen oder Intellektuelle gerne hüllen, oder überlegen Sie, wie ganz anders schwarze Kleidung aussehen kann, wenn sie mit Tattoos oder Totenköpfen kombiniert wird.

Doch nicht nur eine Farbe, dazugehörige Accessoires oder bestimmte Kleidungsstücke weisen auf Gruppenzugehörigkeiten hin. Im Schnellcheck erkennen wir meist schon, ob unser Gegenüber hochwertige oder günstige Kleidung trägt. Wir können spüren, wie selbstbewusst oder offen jemand ist. Möchte die Person gesehen werden und scheut sich nicht, etwas Auffallendes wie zum Beispiel ein rotes Kleid zu tragen? Oder ist sie ein Mensch, der die Unsichtbarkeit vorzieht und sich deswegen genauso kleidet wie die meisten Menschen, in Jeans, Turnschuhen und im Winter in möglichst dunkle Jacken? Auch wenn wir noch kein Wort miteinander ausgetauscht haben, so erzählt uns die Kleidung eine Menge darüber, wen wir vor uns haben.

Deswegen ist Kleidung auch so wichtig, über das Wärmen des Körpers und dessen Schutz vor Nacktheit hinaus. Unsere Kleidung ist ein Teil unserer Identität. Sie ist unsere Visitenkarte und verrät so viel über uns. Kein Wunder, dass wir oftmals gefühlt stundenlang vor dem Kleiderschrank stehen und nicht wissen, was wir anziehen sollen. Wählen wir heute etwas, das unseren Gefühlen entspricht oder das, was von uns erwartet wird? Präsentieren wir uns als diejenige, die wir sind oder diejenige, die wir sein wollen?

Jeden Tag haben wir die Wahl, uns mithilfe der ausgewählten Kleidung so zu gestalten und zu präsentieren, wie wir gesehen werden wollen. Als Kind bekommen wir von den Eltern Kleidung herausgelegt und sie entscheiden, was wir anziehen. Doch auch Kinder entwickeln sehr früh Individualität und Selbstbestimmung in der Kleiderfrage. Wer kennt nicht den Wunsch, im Schlafanzug oder Faschingskostüm in den Kindergarten zu gehen und das Unverständnis der Eltern. Die Eltern wollen ihre Kinder vor Spott bewahren, weil sie um die Bedeutung der Kleiderwahl wissen. Den Kindern will es erst einmal partout nicht einleuchten, warum sie das, was andere über sie denken, über die eigenen Wünsche und Befindlichkeiten stellen sollten. Während einige schon sehr früh für sich entdecken, was zu ihnen passt und ihren Stil gefunden haben, sind andere ein Leben lang auf der Suche danach. In der Pubertät probieren wir uns aus und wollen oft mit bestimmten Kleidungsstücken einer bestimmten Gruppe zugehören. Später, im Beruf, machen wir eigentlich nichts anderes: Wir passen uns den Gepflogenheiten an oder wählen das Outfit, das symbolisiert, wo wir hinwollen. Dabei beneiden wir klammheimlich diejenigen, die ihren Stil gefunden haben und ihren unverwechselbaren Weg gehen. Doch diesen eigenen Stil zu leben, ist nicht jeder vergönnt. Kein Stilratgeber, keine Beratung kann uns die Regeln präsentieren, die uns verraten, wer wir wirklich sind und wie wir das mittels Kleidung nach außen transportieren können. Das ist und bleibt unsere ganz eigene Aufgabe. Im Laufe des Lebens lernen wir, dass es einfacher ist, sich anzupassen und möglichst wenig gegen den Strom zu schwimmen. Kein Wunder, dass die exaltiertesten Moden in der Pubertät und im frühen Erwachsenenalter ausprobiert werden.

Die meisten Menschen entscheiden sich irgendwann dafür, möglichst wenig aufzufallen und den einfacheren Weg zu gehen, um Reibungsverluste zu vermeiden. Also tragen wir das, was in Mode ist, was die anderen auch tragen oder was von uns in bestimmten Situationen erwartet wird. Es gibt genügend Anforderungen von außen, wie wir auszusehen haben.

Die Rolle von Kleidung, in der wir der Welt begegnen, wurde zu den Zeiten besonders sichtbar, als wir fast alle wegen Corona zuhause blieben und viele von zuhause aus arbeiteten. Als wir das Haus nicht mehr verließen, brauchten wir plötzlich keine neue Kleidung mehr. Es reichte völlig aus, das zu tragen, was wir schon hatten. Plötzlich wurde Bequemlichkeit der Kleidung das herausragende Merkmal. Es ging weniger um Äußerlichkeiten, denn wir trafen nur noch die Menschen, die uns ohnehin gut kennen und uns hoffentlich so lieben, wie wir sind. In Videokonferenzen sahen wir obenrum noch aus wie früher und trugen untenrum eine Jogginghose. Bekleidung als Kommunikationsmittel und als Schutz vor dem Wetter spielte nur noch eine untergeordnete Rolle.

Wir fühlten das und verloren dadurch das Bedürfnis, immerzu für Nachschub zu sorgen. Ohne das Schlendern und Bummeln, das uns „früher" oft neue Kleidung einbrachte, verlor der Kleidungskauf zudem seine Zufälligkeit. Aber auch die morgendliche Entscheidung über das Tagesoutfit relativierte sich. Es machte nicht so richtig Spaß, sich Mühe zu geben oder fantasievoll ein Outfit zusammenzustellen, wenn wir niemanden treffen.

Da Kleidung so viel mit unseren aktuellen Gefühlen zu tun hat, aber auch mit der Welt, in der wir uns am kommenden Tag bewegen, treffen wir oft komplizierte Abwägungen, was sich gerade genau richtig für uns anfühlt. Wenn wir das Haus verlassen, dann erhöht sich die Anzahl der Bedürfnisse. Wir erleben eine größere Zahl an möglichen, auch unerwarteten Situationen, in denen unsere Kleidung „richtig" sein muss. Wir sind draußen und drinnen, treffen unterschiedliche Menschen, machen unterschiedliche Bewegungen – all das stellt komplexe Anforderungen an unsere Kleidung, die sich summieren. Diese Komplexität wurde reduziert, als wir im Homeoffice saßen. Wir brauchten plötzlich gar nicht mehr viel. Das Einkaufen als Freizeitbeschäftigung fiel weg, und nicht alle Menschen vermissten das. Auch ich, die ich einen Großteil meiner Kleidung selbst nähe, merkte das. Ich hörte vorläufig auf, Kleidung zu produzieren. Wozu auch. Ein Teil der Freude beim Nähen kommt daher, die mit den eigenen Händen gefertigte Kleidung auszuführen. Die Freude am Tun an sich reichte nicht, die freie Zeit zu nutzen, um endlich mal mehr zu nähen. Wozu neue Kleidung, wenn der Anlass fehlt, sie zu tragen!

Bekleidungsregeln – Beschämung next Level

Die wirkungsvollste Waffe des Patriarchats und der Leistungsgesellschaft, uns schwach, unsicher und willenlos zu machen, ist die Beschämung und die Botschaft, wir seien an unserem Unglück selbst schuld. Wie ich im ersten Teil gezeigt habe, funktionieren diese Strategien tadellos. Doch damit ist noch nicht Schluss: Genau wie Körper zum Objekt gemacht und zum Beispiel ungefragt kommentiert werden, gilt das Gleiche für Kleidung. Über Kleidungsvorschriften und -traditionen sowie den Umgang damit, wird unsere Rolle als Frau in der Gesellschaft festgeschrieben.

Auch wenn wir heutzutage scheinbar nahezu alles tragen können, was wir wollen, gibt es doch eine Menge ungeschriebene Regeln, die frau dabei zu beachten hat. Im Gegensatz zu den vergleichsweise eingeschränkten Variationsmöglichkeiten bei Männerkleidung, können Frauen viel falsch machen. Obwohl die Männermode rasant aufholt und auch Männern wildere Farben und Muster schmackhaft gemacht werden, ist die Auswahl an

Kleidungsstücken und Schnittformen doch begrenzter als in der Damenmode: Eigentlich läuft es immer auf eine Hose und ein Oberteil hinaus. Oberteile werden mal geknöpft, mal mit Reißverschluss geschlossen, mal als Pullover einfach über den Kopf gezogen. Junge Männer haben noch eine Kapuze, dann nennt es sich Hoodie. Aber das war es eigentlich schon. Auch die Variationsmöglichkeiten bei den Accessoires sind im Herrenbereich beschränkt im Vergleich zur Damenabteilung. Das Portemonnaie wird dank ausreichend großer Taschen in der Hose getragen, da braucht man keine Handtasche. Früher allgegenwärtige Hüte sind aus dem Straßenbild verschwunden. Sie wurden allerdings durch Basecaps ersetzt, die anscheinend ebenso wie die Uhr nach bestimmten Zugehörigkeits-Codes ausgewählt und ganz bewusst getragen werden.

Frauen hingegen haben die Qual der Wahl: Wir können mittlerweile zwischen Rock und Hose wählen, uns ist bewusst, welche unterschiedliche Wirkung verschiedene Stoffqualitäten haben, wir tragen mehr Farben als nur Blau, Schwarz und Olivgrün und kombinieren unsere Outfits mit sorgfältig ausgewählten Accessoires wie Schals, Taschen und Schuhen. Kein Wunder, dass wir frühzeitig darin geschult werden müssen, um uns in der Vielfalt nicht zu verirren. An dieser Stelle kommen wieder unsere „Freundinnen", die Frauenzeitschriften, ins Spiel. Sie sind der direkte Vermittler zwischen uns und der Modeindustrie, machen uns das neue Angebot schmackhaft und erklären uns, wie wir es innerhalb der bestehenden Rollenanforderungen an Frauen umsetzen können. Vielen Dank.

Den Aufforderungen der Modemagazine (und heutzutage der Influencerinnen in den sozialen Medien, die eigentlich genau den gleichen Job machen: Gegen Geld Lust auf Produkte wecken), immer wieder neue Kleidung zu kaufen, kommen wir meist freudig und freiwillig nach, ohne das Gefühl, uns habe jemand dazu verpflichtet. Mode macht Spaß, Shoppen ist Lifestyle, und ein neues Outfit kann neues Selbstbewusstsein zaubern. Also zögern wir nicht lange und konsumieren.

Doch ist uns jeden Tag das Risiko bewusst, mit der Auswahl unserer Kleidung etwas falsch zu machen. Zu genau wissen wir und erleben es immer wieder, dass unsere zweite Haut von außen bewertet und kommentiert wird. Sobald wir uns auf ein Terrain vorwagen, das für uns nicht vorgesehen ist, werden wir zurückgepfiffen.

Wir lesen, wie das Outfit von Stars und Sternchen bewertet wird, wir lesen Artikel, in denen es nicht um die Inhalte der Rede einer Politikerin geht, sondern um das, was sie trägt, und nicht zuletzt bemerken wir, dass Berichte über berufstätige Frauen mit Frauenbeinen bebildert werden. Kein Wunder, dass sich die Berufsgruppe der „Stilberatung" entwickelt hat. Kleidung ist ein vermintes Gebiet – gerade weil wir Frauen sind. Wehe, wir haben etwas falsch gemacht.

Und wir können so viel falsch machen. Immer wenn wir etwas aussuchen, das uns angeblich nicht zusteht, machen wir uns sichtbarer als erwünscht ist. Als dicke Frau fällt mir natürlich zuerst ein, was Dicke alles nicht tragen dürfen: Wir sollen unsere Oberarme nicht zeigen und unsere Beine auch nicht. Die Röcke, die sonst gar nicht kurz genug sein können, dürfen das bei uns natürlich nicht sein. Plus-Size-Kleidung soll den dicken Körper möglichst komplett verhüllen, damit möglichst wenig von ihm zu sehen ist. Dabei ist auch Dicken im Sommer warm und ein kühles Lüftchen auf der Haut würde sich für sie genauso schön anfühlen. Doch zumeist siegen die Scham und die Erfahrungen mit fiesen Kommentaren zum Aussehen: In vorauseilendem Gehorsam bedecken Dicke ihre unerwünschten Körper und versuchen alles (von der Vermeidung von Querstreifen bis hin zur Bevorzugung von Schwarz, das angeblich schlank macht), um möglichst wenig Angriffsfläche zu bieten.

Doch auch Frauen, die keine große Kleidergröße tragen, werden nicht von Kommentierung und Abwertung verschont. Frauenzeitschriften erklären uns, welche Kleidungstücke wir als Frau ab einem Alter von vierzig oder fünfzig nicht mehr tragen dürfen. Auch in der Familie lernen wir schon früh, dass wir stets darauf achten sollen, nicht breiter zu wirken als wir sind. „Schau dich mal von hinten an, in dieser Hose hast du einen dicken Hintern, das geht gar nicht." Solche Sätze haben sich in unser Gehirn gebrannt und wir versuchen alles, um sie nicht noch einmal zu hören. Als würde die Welt untergehen, wenn wir einen dicken Hintern hätten! Er würde uns zumindest ermöglichen, den Raum einzunehmen, der uns eigentlich zusteht. Doch wir haben stets Angst vor Beschämung und tun alles, damit es nicht dazu kommt. Dabei ist die Beschämung unvermeidbar – egal ob wir dick oder dünn, jung oder alt sind. Frauenkörper werden immerzu von Männern kommentiert. Wenn zur Abwechslung die Männer die Klappe halten, übernehmen Frauen den Job und bewerten unüberhörbar oder stillschweigend das Aussehen anderer Frauen, um sich besser zu fühlen. Gerade weil wir diese Kommentare kennen, saugen wir mit vorauseilendem Gehorsam alle Weisheiten und Tipps zu Mode und Bekleidung auf, um möglichst alles richtig zu machen.

Wir vertrauen Magazinen und Social-Media-Kommentaren mehr als unserem Gefühl und unseren Bedürfnissen. Sobald wir alles richtig machen wollen, werden wir zum Objekt, das sich freiwillig zur Bewertung frei gibt. Wir machen uns abhängig von *Likes*, den Beurteilungen und Komplimenten, statt selbst herauszufinden, welche Kleidung zu uns und unserem Leben passt.

So sind wir ständig auf der Suche, weil wir uns der Gefahren, etwas falsch machen zu können, bewusst sind. Doch regelmäßige Shoppingtouren bringen uns dem ersehnten perfektem Outfit meist auch nicht näher.

Selbsthass in der Umkleidekabine

Frauen wollen immerzu shoppen, so heißt es. Stimmt das? Ich bin mir nicht sicher, denn ich weiß, dass vor allem der Kauf von Kleidung für viele Frauen kein Vergnügen ist. Frau startet voller Erwartung, im großen Angebot etwas zu finden, das gefällt und schmückt und erlebt in der Umkleidekabine immer wieder herbe Momente der Enttäuschung.

Wer kennt nicht das Gefühl, verzweifelt in einer Umkleide zu stehen und sich furchtbar und furchtbar hässlich zu fühlen. Egal was du anprobierst – nichts passt. Das eine Kleidungsstück ist zu eng, das nächste zu weit und das, was einigermaßen gut passt, ist in der falschen Farbe, aus der falschen Stoffqualität oder aus einem anderen Grund nicht perfekt. Das Schlimme ist: Du kaufst es trotzdem! Du kaufst Kleidung, in der du dich nicht schön findest, du redest sie dir schön. Doch das Gewicht deiner Einkaufstaschen ist nicht deswegen so schwer, weil du so viel gekauft hast, sondern weil du eigentlich weißt, dass gar nicht das perfekte Kleidungsstück darin ist. Du trägst schwer an den Kompromissen.

Das Gemeine an dieser Situation sind die schlechten Gefühle. Statt die anprobierte Kleidung zu beurteilen, richtet sich merkwürdigerweise unser Blick schnell auf etwas anderes. Als sähen wir ihn zum ersten Mal, konzentrieren wir uns plötzlich darauf, unseren Körper zu betrachten. Leider, denn das gleißende Licht der Umkleidekabine beleuchtet alle scheinbaren Unzulänglichkeiten des eigenen Körpers. Selten schauen wir uns so genau an wie bei der Anprobe. Doch anstatt über die Kleidung zu verzweifeln, die einfach nicht richtig passt, neigen wir dazu, unseren Körper zu beschuldigen, unpassend für die Kleidung zu sein. Ein destruktives Gedankenspiel setzt ein, das uns noch nicht einmal bewusst ist. Doch nicht nur das Spiegelbild wirkt sich auf unsere Laune aus. Auch das kleine Schildchen im Inneren des Kleidungsstücks hat Einfluss auf unser Wohlbefinden. Wenn das Größenschild in der Kleidung eine kleinere Zahl anzeigt, gibt uns das ein Hochgefühl und manchmal kaufen wir das Kleidungsstück nur aus diesem Grund, auch wenn es uns eigentlich nicht besonders gefällt. Steht eine größere Zahl auf dem Zettelchen, schlägt unsere Stimmung um, wir sind deprimiert, denken an Diäten, an noch mehr Sport und geißeln uns, weil wir uns in letzter Zeit nicht genug angestrengt haben. Für uns besteht kein Zweifel: Wir sind selbst schuld.

Wir denken, wir müssten uns ändern, und uns und unseren Körper an die Kleidung anpassen. Wir sind es so gewohnt, unseren Körper zu kritisieren und kommen gar nicht auf den Gedanken, dass aus der riesigen Menge an Textilien gar nichts richtig passen kann, aus Gründen, die nichts mit uns und unserem Körper zu tun haben.

Das Thema Shopping ist für viele Frauen mit dem Gedanken, nicht richtig zu sein und dem Gefühl der Schwere belastet, wenn sie Einkaufstüten voller Kompromisse nach Hause tragen. Viele verbringen nur deshalb so viel Zeit mit Shopping, weil sie nicht das Richtige finden. Was wie Shoppinglust aussieht, ist oftmals nur Shoppingfrust. Aber der Glaube, Einkaufen wäre das Lieblingshobby der Frauen, hält sich hartnäckig.

Berufskleidung

Berufskleidung, also Kleidung für eine bestimmte Berufsgruppe oder Kleidung, die in einem bestimmten Unternehmen oder bei einer bestimmten Tätigkeit getragen wird, hat Vorteile: Sie schont nicht nur unsere Alltagskleidung, sondern befreit uns auch von der Pflicht, uns Gedanken darüber zu machen, was wir zur Arbeit anziehen wollen. Genau wie einheitliche Schuluniformen macht sie alle innerhalb einer Gruppe gleich. Wenn das Unternehmen die Berufskleidung stellt, schont sie zudem noch unseren Geldbeutel.

Unterschiedliche Kleidung für unterschiedliche Berufsgruppen gab es schon immer. Sie musste praktisch sein, dem Wetter und den Bewegungen angepasst und Belastungen und Verschleiß an bestimmten Stellen aushalten. Mit der Zeit kristallisierten sich bestimmte Kleidungsstücke und Materialien als besonders geeignet heraus und besondere Eigenheiten entwickelten sich, an denen man zum Beispiel die Zugehörigkeit zu einem bestimmten Handwerk erkannte. Gruppen, die es sich leisten konnten und Kleidung nicht als Arbeitsschutz trugen, konnten ihre Kleidung an der aktuellen Mode ausrichten. In diesem Fall hatte die Farbe eines Kleidungsstücks nichts mit der Zunft und die Länge oder Form nichts mit Bewegungsfreiheit oder Praktikabilität zu tun. Wer Geld und den entsprechenden gesellschaftlichen Status hatte, konnte Kleidung einfach zum Spaß gestalten oder gestalten lassen. Auch schon vor vielen Jahren, Jahrzehnten und Jahrhunderten wechselten die Moden rasant, sodass daraus immer wieder Nachfrage nach etwas Neuem entstand.

Der Spezialfall der Berufsgruppenkleidung ist die Uniform. Bei der Bekleidung für Soldaten kommt es nicht nur auf die praktische Eignung an oder auf den Rang, den der Soldat innerhalb des Systems innehat. Die Gleichförmigkeit und Gleichfarbigkeit hat einen Grund: Im Kampf ist der Mensch kein Individuum mehr, sondern kämpft gemeinsam mit anderen für eine Sache. Der Gegner kann leicht identifiziert werden, wenn er anders aussieht und das Individuum muss als Befehlsempfänger*in keine Verantwortung für die eigenen Taten übernehmen.

Auch wenn streng genommen nur der Staat Uniformen ausgeben kann, gibt es eine Menge Berufsgruppen, die mehr oder weniger offiziell eine Uniform tragen. Uniformierte Schaffner*innen arbeiten in einem ehemals staatlichen Unternehmen und wir sind dankbar, dass wir sie schon von Weitem erkennen, im Gegensatz zu den Kontrolleur*innen in Zivilkleidung, die für erhöhten Puls sorgen, während wir überlegen, wohin wir vorhin die Fahrkarte gesteckt haben. Durch gleichförmige Kleidung in bestimmten Farben und Schnitten können wir leichter erkennen, um wen es sich handelt. Deswegen tragen Pflegende im Krankenhaus oft auch keine weiße Arbeitskleidung, schließlich sollen sie nicht mit den Ärzt*innen verwechselt werden.

Berufliche Kleiderordnungen verschwinden zunehmend, egal ob schriftlich verfasst und verbindlich oder nur mündlich tradiert im Sinne von „das macht man eben so". Der klassische Anzug und das weibliche Pendant, das Kostüm, haben mehr und mehr ausgedient. Es begann mit dem *Casual Friday*, als Unternehmen versuchten, sich wenigstens einmal die Woche jugendlich-entspannt zu geben. Dafür lockerten sie die Bekleidungsvorschriften und erlaubten den Mitarbeitenden wenigstens am Tag vor dem Wochenende Freizeitkleidung bei der Arbeit.

Mittlerweile gibt es kaum noch Branchen, in denen jemand komisch schauen würde, wenn Mitarbeiter*innen in Jogginghosen oder Sneaker arbeiten. Scheinbar ist heutzutage alles erlaubt, und doch gibt es subtile Codes, was angemessen ist. Genau das macht es schwierig. Diese Codes lernen wir in der Regel schon in der Kindheit in der Familie. Sobald unsere Eltern „in gewissen Kreisen" verkehren, lernen wir dort auch Relevantes für Beruf und Karriere. Vermutlich nehmen wir unbewusst die Bekleidungsmerkmale der Mitglieder unserer Familie und befreundeter Familien wahr. Oder unsere Eltern vermitteln uns die Codes ganz bewusst, indem sie bestimmen, was zu welchen Anlässen getragen werden soll oder bestimmte Geschäfte und Marken auswählen, die familiär bevorzugt werden.

Genau das macht gesellschaftlichen Aufstieg so schwer. Es ist nicht so, dass Bekleidungscodes später nicht mehr gelernt werden können, aber es ist ungleich schwerer, sich in eine bestimmte Gesellschaftsschicht oder Berufsgruppe hineinzuentwickeln, wenn es sich um subtile, niemals explizit formulierte Codes handelt. Das merken wir immer dann, wenn zum Beispiel die „richtigen Marken" doch irgendwie falsch getragen werden. Es nützt nichts, wenn das Markenlogo stimmt – die Kombination aus den dazugehörigen Accessoires, Sprachcodes und Benehmen rundet das Bild erst ab. Alles muss passen, nur dann sieht es auch wirklich stimmig aus. Und wenn alles harmonisch zueinander passt, wird vieles leichter, denn Menschen bevorzugen Menschen, die ihnen ähnlich sind. Die neue Kollegin wirkt doch gleich viel freundlicher, wenn sie auch äußerlich zu uns passt und wir nicht erst gewisse Irritationen bezüglich ihres Aussehens verdauen müssen.

Berufskleidung kann uns vor Fehlern bei den Bekleidungscodes bewahren. Wie viel einfacher ist es doch, einen Blaumann oder eine vom Arbeitgeber gestellte Arbeitskleidung zu tragen und alle Kolleg*innen sind gleich! Ganz abgesehen davon, dass es ganz selbstverständlich ist, nach getanem Werk die Arbeitskleidung abzustreifen und anschließend in die Rolle des Privatmenschen zu wechseln. Arbeitskleidung nimmt uns das tägliche Dilemma zwischen Individualität und Angepasstheit ab, weil es nichts zu entscheiden gibt, und sie hilft uns, klare Grenzen zwischen uns als Arbeitnehmer*in und der privaten Identität zu setzen. Dort, wo es keine fest definierte Arbeitskleidung gibt, ist es wieder die Aufgabe des Individuums, alles richtig zu machen. Wenn wir schon bei Fragen zur korrekten Kleidung unsicher sind, wie können wir dann selbstbewusst entscheiden, abends keine beruflichen Mails mehr zu lesen, weil klar ist, dass wir dann Feierabend haben?

Auch wenn sich die Geschlechtergrenzen immer mehr auflösen – bei der Bekleidung, insbesondere Berufskleidung, gibt es sehr wohl klare Zuordnungen, was Männer und was Frauen tragen. Immer dann, wenn es keine Uniformen gibt, hilft es uns als Frau deswegen nur wenig, sich an den männlichen Kollegen und deren Bekleidungskonventionen zu orientieren, denn es gibt andere Erwartungen an uns. Je höher der Beruf auf der Karriereleiter angesiedelt ist oder je sichtbarer der Mensch in der jeweiligen Position ist, umso relevanter wird es, genau das Richtige zu tragen. Ich kenne Männer, die eine Art persönliche Arbeitsuniform sehr schätzen, selbst wenn diese aus privat finanzierten Hemden und Hosen besteht. Da sie ohnehin jeden Tag gleich aussehen, müssen sie sich morgens auch keine Gedanken machen. Sie greifen blind in den Schrank und ziehen irgendein Hemd an. Wird schon passen. Frauen haben es da schwerer – oder machen sie es sich nur schwer?

Ein Problem bei weiblicher Berufskleidung entsteht immer dann, wenn Frauen ursprünglich nicht in diesen Berufen vorgesehen waren. Natürlich sagt das niemand laut, aber es ist schon sehr offensichtlich, dass das für Frauen bestimmte Kostümchen mit Blazer und kurzem, engem Rock eine Nachahmung des Herrenanzugs ist, die aber nicht beabsichtigt, die gleiche Wirkung zu erzielen. Warum sollten Frauen einen unbequemen Rock tragen, statt einer Hose, in der sie bequemer sitzen und laufen könnten? Weil Männer und Frauen nicht gleich sind und es nicht die gleichen Erwartungen an sie gibt.

Würde ich mich irren, dann würden nicht unzählige Frauen hohe Schuhe zum knappen Rock tragen und behaupten, das sähe einfach besser aus und sei gar nicht unbequem, statt einzugestehen, dass hohe Schuhe nicht dabei behilflich sind, mit beiden Beinen fest im Leben zu stehen. Wir haben uns daran gewöhnt, dass zu weiblicher, schicker Kleidung Schuhe mit Absatz gehören und empfinden die Silhouette und den Look als schöner. Diese Sehgewohnheiten haben wir so sehr verinnerlicht, dass wir gar nicht mehr die Frage stellen, ob dieser Kleidungsstil uns benachteiligt. Während der Herrenanzug als Arbeitskleidung Professionalität und Neutralität signalisiert, präsentiert das Kostüm die Trägerin in erster Linie als Frau, und dann erst als Person in einer professionellen Rolle. Neben der beruflichen Rolle auch noch schön und sexy zu wirken, ist eine besondere Anforderung an Frauen.

Niemand hält das Kostüm wirklich für die gleichwertige weibliche Variante des Herrenanzugs. Kein Wunder, dass immer mehr Frauen vom Kostüm zum Hosenanzug wechseln, der schon eher dem Herrenanzug entspricht. Doch solange wir glauben, dass auch unter einen Hosenanzug hohe Schuhe gehören, hat sich im Grunde nichts geändert. Wir akzeptieren die implizite Anforderung, auch im Beruf anziehend und sexy zu wirken und merken nicht, dass dies gleichzeitig unsere Autorität untergraben kann.

Erfreulicherweise passiert derzeit eine ganze Menge und ist weithin in den Medien sichtbar: Durch den höheren Anteil von jungen Frauen im neuen deutschen Bundestag – auch in mächtigen Positionen – sehen wir plötzlich ganz unterschiedliche Kleidungsstile. Auffallend ist die Renaissance der Kleider und der Mut zur Farbe. Das macht etwas mit uns, wenn unsere Außenministerin im hellblauen Kleid vor der UNO redet! Doch unsere Sehgewohnheiten sind so lange durch dunkle Herrenanzüge geprägt, dass wir diese neuen Eindrücke noch mit Erstaunen zur Kenntnis nehmen und noch nicht als Normalität bewerten. Wir werden sehen, wie sich unsere Haltung weiter entwickelt und in welcher Form sich eine weibliche Berufskleidung als Pendant zum Herrenanzug bildet, die gleichermaßen Seriosität, Kompetenz und Vielfalt abbildet und die wirklich gleichwertig zum Herrenanzug wahrgenommen wird.

Vermutlich werden wir feststellen, dass es die Uniformierung, die der Herrenanzug symbolisiert, heutzutage gar nicht mehr braucht. Wenn wir alle Menschen als wertvoll betrachten und Vielfalt schätzen, dann braucht es auch keine Uniform mehr, um diese Unterschiedlichkeiten zu kaschieren.

Und was ist mit der Mode?

Nicht nur der Beruf prägt, was wir tragen. Die Mode ist ein weiterer Faktor, der uns Ideen liefert und einen Bezugsrahmen gibt. Mode ist mitnichten etwas, das von anderen erfunden wird und dem wir blind folgen sollen. Natürlich kann Mode etwas sein, das Medien empfehlen, das Prominente zeigen oder Modedesigner*innen erfinden. Doch die Zeiten sind vorbei, in denen nur wenige entscheiden, was gerade „in“ ist, was „angesagt“ ist.

Eine geniale Modeschöpfer*in, eine Designer*in, der oder die durch pure Inspiration und ein künstlerisches Händchen Neues schafft, ist wohl in den seltensten Fällen verantwortlich für das, was wir Mode nennen. Die großen Modeschöpfer*innen gelten als Künstler*innen, sind Berühmtheiten, denen mit Ehrfurcht begegnet wird, und wir wollen gerne glauben, dass es wirklich noch eine Welt gibt, in der die Damen in einer Modenschau sitzen und Kleidung für die nächste Saison ordern. Das Bild passt längst nicht mehr, weil Mode mittlerweile nicht mehr nur für einen elitären Kreis da ist.

Neben den Modenschauen aus Paris, London und Mailand wurde in den vergangenen Jahren der Streetstyle, der Stil im Straßenbild der Großstädte, zu einer Inspirationsquelle der Mode. Was Menschen in der Öffentlichkeit tragen, die sich Gedanken um ihre Kleidung machen, wird heutzutage in Blogs, auf Youtube und in Instagram-Accounts gesammelt. So gelangt es dann auch in Modezeitschriften. Ein gutes Beispiel: Die Bilder von ausschließlich älteren Menschen, die Ari Seth Cohen für seinen Blog und Instagram-Account *Advanced Style* porträtierte, waren dort so erfolgreich, dass das Phänomen für Zeitschriften unübersehbar und dankbar aufgegriffen wurde.

Wer mich kennt, weiß, wie gerne ich in Berlin bin. Das liegt nicht nur daran, dass ich dort viele Freundinnen habe, sondern weil ich es genieße, die Menschen zu beobachten. Berlin ist anders als andere deutsche Städte: Mensch kann dort tragen, was sie oder er will – die anderen juckt das nicht und sie würden es in den seltensten Fällen kommentieren. Das gibt eine enorme Freiheit, einfach so auszusehen, wie mensch will und eröffnet für mich als Beobachterin den Möglichkeitsraum dessen, was angezogen werden kann. Unter jugendlichen Tourist*innen und jungen Studierenden herrscht dort eine wilde Mischung aus unterschiedlichen Stilen, die zu ganz eigenen Moden führt. Nicht alles, was in Berlin durch die Straßen läuft, ist für die Reihenhaussiedlung in Hintertupfingen tragbar, aber Inspiration ist es auf jeden Fall. Das Fantastische an der Idee, sich durch Streetstyle inspirieren zu lassen, ist die Vielfalt der Möglichkeiten. Wenn letztlich jede*r dazu in der Lage ist, einen Trend zu starten, ist Innovation viel wahrscheinlicher.

Wir alle haben also die Macht, etwas zu zeigen, Ansagen zu machen, und letztlich müssen wir es nur mit Nachdruck und Ausdauer machen, um gesehen oder gehört zu werden. Wenn wir immer mehr werden, wenn wir uns vernetzen, wenn wir uns trauen, sichtbar und laut zu werden, dann können wir diejenigen sein, die etwas ansagen und damit über Mode entscheiden. Sobald wir uns zusammen tun, sobald ein Style immer öfter auftaucht, bewirkt das etwas. Es fällt auf nach dem Motto „habe ich das nicht schon mal gesehen?", und wird mit der Zeit immer normaler. Wir sollten uns dieser Einflussmöglichkeit bewusst werden und genau die (verschiedenartigsten) Looks gestalten, die wirklich kommunizieren, wer wir sein wollen – die sozialen Medien machen es uns heutzutage vergleichsweise einfach. Wir können uns überregional vernetzen, wir können uns als Gruppen mit ähnlichen Werten finden, Hashtags entwickeln und gemeinsam herausfinden, wie wir aussehen wollen – wir brauchen keine Modeschöpfer*innen mehr, um ganz neue Moden zu entwickeln.

Wie Gier neue Styles kreiert

Mode als Teil der Wirtschaft funktioniert nach zum Teil sehr banalen Mechanismen. Wirtschaftliche Erwägungen, Streben nach Wachstum und auch Gier spielen dabei eine Rolle.

Wir kennen alle das Phänomen, dass ein neuer Look auftaucht, den wir erst seltsam finden, uns langsam daran gewöhnen und ihn irgendwann auch haben wollen. Mir ging das mit den überschnittenen Ärmeln so. Das Kleidungsstück wirkt zu groß, weil der Ärmel nicht an der Schulter beginnt, sondern irgendwo am Oberarm. Erst fand ich diese Ärmel falsch. Ich wollte ein ordentliches Armloch mit einem korrekt eingesetzten Ärmel. Das fand ich schön. Diese neumodischen überhängenden Schultern, dieses nicht konturierte Armloch, diese einfachen Rechtecke, die als Ärmel angesetzt wurden, fand ich billig gemacht und nicht sehr bewegungsfreundlich. Ich ärgerte mich, dass mehr und mehr Schnittmuster diese Ärmelform hatten – bis ich sie eines Tages schön fand. Meine Freundinnen nähten ein Kleid mit überschnittenen Ärmeln nach dem anderen, um mich herum sah ich immer mehr Frauen, die auch solche Oberteile trugen. Irgendwann wollte ich auch solche Ärmel. Nein, ich glaube, es war sogar anders. Ich nähte aus Versehen ein Shirt mit überschnittenen Ärmeln, weil mir der Ausschnitt des Schnittmusters so gut gefiel. Ich vergaß die Ärmelform zu ändern, trug das Shirt und merkte, dass mich der neumodische Ärmel nicht störte und – zack – gehörte dieses Modedings in mein Leben.

Aber warum gab es auf einmal überall überschnittene Ärmel? Natürlich zählt nach wie vor das Argument, dass eine Bekleidungsfirma bei der anderen abschaut. Aber warum setzen sich Moden durch? Manchmal spielt tatsächlich die Kundin eine Rolle, aber ich kann mir schlecht vorstellen, dass überall auf der Welt auf einmal Frauen „Wir wollen endlich mal andere Ärmel!" skandierten.

Für mich gibt es nur eine Erklärung, warum sich diese Ärmelform so schnell und weitreichend durchsetzte: Sie ist einfach und schnell zu nähen. Wer schon einmal ein Kleidungsstück aus

Webware mit einem klassischen Ärmel genäht hat, weiß, dass das relativ aufwendig ist und ungeübten Näherinnen nicht auf Anhieb gelingt. Der Ärmelumfang ist größer als das Armloch. Er hat Mehrweite für einen schönen Fall und Bewegungsfreiheit. Die Höhe der Armkugel, die Materialeigenschaften – es gibt viele Faktoren, die das Einsetzen eines klassischen Ärmels zusätzlich erschweren können. Kurz gesagt: Ein klassischer Ärmel kostet etwas Zeit und braucht Übung. Wie viel schneller hingegen geht es, ein Kleidungsstück mit einem überschnittenen Ärmel zu produzieren. Im besten Fall entfällt der Ärmel komplett, weil er bereits angeschnitten ist. Wird er angesetzt, ist das Schnittteil ein simples Rechteck, das an eine gerade Schnittkante gesetzt wird. Das geht definitiv schneller und einfacher, als eine gerundete Armkugel mit Mehrweite in ein klassisches Armloch einzusetzen.

Ich bin mir sicher, dass einige Kaufleute sich die Hände rieben, als sie dieses Phänomen erkannten und im Geiste die zusätzlichen Geldsäcke addierten, die sie bei der Umstellung von klassischen Ärmeln in überhängende Ärmel verdienen würden. Glauben Sie jetzt noch, dass es ein Einfall der Modeschöpfer war, die einen neuen Look suchten? Vielleicht stand das sogar am Anfang dieses Looks, aber dass sich dieses Phänomen so sehr als Mode etablierte und das Aussehen vieler Kleidungsstücke veränderte, hatte sicherlich wirtschaftliche Gründe.

Ich habe noch ein Beispiel. Wenn wirtschaftliche Gründe die Modeindustrie so stark beeinflussen und ein Grund dafür sind, dass bestimmte Formen und Materialien auf einmal überall angeboten werden, wieso wurde auf einmal „Oversize", also zu groß geschnittene Kleidung, wieder modern? Ist das nicht Materialverschwendung? Sollte die Bekleidungsindustrie nicht eher ein Interesse daran haben, möglichst kleine Kleidungsstücke zu produzieren, um nicht so viel Material zu verbrauchen? Es wird doch jede Möglichkeit der Kostenreduktion genutzt. Ja, das stimmt. Es scheint zunächst widersinnig, mehr Material als nötig zu verwenden – es sei denn, das Material ist günstig und es kann dadurch an anderer Stelle etwas eingespart werden.

So ist es auch bei der Oversize-Kleidung, die auf einmal wieder angesagt war: Sie besteht häufig aus einem Material, das es zwar schon länger gibt, das aber erst vor Kurzem einen wirklich rasanten Einzug in unserem Kleiderschrank schaffte, als immer offensichtlicher wurde, dass eine Alternative zu Baumwolle gefunden werden muss. In den letzten Jahren stieg der Preis von Baumwolle stetig an. Baumwolle benötigt zum Wachsen viel Wasser, das vielerorts fehlt, und ist anfällig für Schädlinge. Die Produktion von Baumwolle wurde immer teurer, der Einkaufspreis auch. Natürlich war die Industrie auf der Suche nach neuen Materialien. Ähnliche Trageeigenschaften wie Baumwolle haben Kunstfasern wie Viskose und Tencel, die aus Zellulose, also aus Holz und anderen zellulosehaltigen Pflanzenbestandteilen gewonnen werden. Sie sind trotz des natürlichen Grundstoffs Kunstfasern, weil sie künstlich, durch chemische Umwandlungsprozesse, hergestellt werden. Das Tolle daran: Es gibt immer mehr natürliche Rohstoffe, die mit diesen Verfahren zu Fasern und schließlich zu Garn und Stoffen verarbeitet werden können – Eukalyptus, Bambus, Algen und viel mehr.

Doch im Grunde sind Kunstfasern bei den Konsumentinnen nicht so beliebt. Zwar wurde in den vergangenen Jahrzehnten viel dafür getan, Kunstfasern zu verbessern, aber das schlechte Image blieb. Viele Kundinnen assoziieren bei Kunstfasern wie Polyester und Konsorten immer noch billige Kleidung und extremes Schwitzen. Da konnte die mittlerweile fast ausschließliche Verwendung von Kunstfasern für Sportkleidung das Image auch nicht retten. Während Sportkleidung mit den Eigenschaften der Faser wirbt (Feuchtigkeitstransport, wärmend, kühlend, wasserabweisend), scheinen diese Argumente bei den Modekäuferinnen nicht anzukommen oder zumindest nicht zu überzeugen. Vielleicht liegt es daran, dass die Erklärungen technisch konzipiert sind und in ihrer Wortwahl und Argumentationslinie eher auf die Bedürfnisse von Männern abzielen. Ich glaube sehr wohl, dass ein Stoff, der Frauen in den Wechseljahren verspricht, abwechselnd zu kühlen und zu wärmen und gleichzeitig Schweiß abzuleiten, gut ankommen würde. Der Erfolg von Tencel bei den Hobbynäherinnen spricht dafür, denn unter uns sprechen wir von „Wechseljahre-Stoff". Dieses Argument ist in der Werbung für Mode allerdings (noch) nicht zu hören oder zu lesen. Ich bin sicher, das Image von Kunstfasern wird sich in den nächsten Jahren merklich verbessern, insbesondere, was schnell nachwachsende Materialien wie Bambus betrifft.

Aber zurück zum Thema Oversize. Gewebte Stoffe, die es derzeit vorherrschend aus Viskose gibt, sind gerade bei warmem Wetter (denken Sie an die Hitzewellen durch die Klimakatastrophe!) angenehm zu tragen. Wenn das Kleidungsstück weit geschnitten ist und der Wind bei jeder Bewegung sanft das Kleidungsstück bewegt, ist auch Hitze einigermaßen zu ertragen. Welches Interesse hat die Bekleidungsindustrie daran, dass wir das Lüftchen unter weiter Kleidung genießen? Ganz einfach: Eine gewebte Viskose muss als Kleidungsstück weit geschnitten werden, weil sie nicht nachgibt und die Nähte nicht viel Belastung aushalten. Viskosekleidung kann nicht so knackig sitzen wie eine enge Jeans – das würde der Stoff nicht lange mitmachen. Nur wenn die Faser zu einem gestrickten Stoff, einem durch seine Maschen elastischen Jersey, verarbeitet wird, kann ein Kleidungsstück körpernah geschneidert werden. Doch auch bei dieser Verarbeitungsart gibt es Nachteile: Gerade bei dünnem, glattem Jerseymaterial zeichnet sich jedes Röllchen ab und das ist etwas, was die Kundin nun auch wieder nicht will. Also werden Kleidungsstücke weit geschnitten und Oversize-Mode propagiert. Teure Baumwolle kann durch günstigere Kunstfasern ersetzt werden, die dank nachwachsender Rohstoffe auch noch ein positives Image haben.

Es gibt aber noch ein weiteres Argument für weite, einfach geschnittene Kleidung. Jede Naht kostet Zeit und damit Geld. Auch wenn die Arbeiter*innen in der Textilindustrie sehr wenig verdienen, ist die menschliche Arbeit nach wie vor ein Kostenfaktor bei der Produktion. Menschliche Arbeit ist oft teurer als das Material, also wird menschliche Arbeit durch Material ersetzt. Die Anzahl der Nähte wird reduziert, auch wenn dafür etwas mehr Material genommen werden muss. Plötzlich ist ein cleaner Look mit wenig Details angesagt oder Bekleidung wird nur noch mit wilden Mustern bedruckt (*Animal-Print-Revival*, you know!), damit es nicht mehr so sehr auf die Machart des Kleidungsstückes ankommt, weil alle sowieso nur auf das Muster achten. Das ist ein weiterer Grund, warum Oversize-Kleidung in Mode gekommen ist.

Zugegeben: Mode ist herrlich, weil sie uns immer wieder etwas Neues bringt, doch letztlich ist Mode ein Kind des Kapitalismus. Sie erzeugt immer wieder neue Bedürfnisse und wir kaufen, weil es Spaß macht und nicht, weil wir dringend etwas Neues zum Anziehen brauchen, weil das Alte kaputt ist. Genau das ist im Sinne des Kapitalismus. Kauft mehr!

Wie Kleidung entsteht

In Vorbereitung für dieses Buch ist mir aufgefallen, wie viele „textile Analphabet*innen" es gibt. Die meisten Menschen wissen kaum etwas über Kleidung, obwohl sie täglich welche tragen. Sie können die Marke nennen oder das Geschäft, in dem sie das Kleidungsstück gekauft haben. Aber die wenigsten wissen etwas über die Materialqualität, die Schnitte oder die Herstellung von Kleidung. An Kleidung wird sichtbar, wie gut die gesellschaftliche Arbeitsteilung funktioniert: Die meisten Menschen wissen deshalb nichts über Kleidung, weil sie ihr Leben lang nur fertige Kleidungsstücke präsentiert bekommen. Der Herstellungsprozess findet nicht vor ihren Augen statt. Da wir eine weltweite Arbeitsteilung haben und gerade die Bekleidungsindustrie die einzelnen Arbeitsschritte sogar über mehrere Kontinente verteilt, können wir nirgends sehen, wie Kleidung gemacht wird. In den wenigsten Schulen werden noch textile Techniken vermittelt und wer erlebt schon noch, dass in der eigenen Familie Kleidung selbst geschneidert, gestrickt oder gehäkelt wird? Es scheint, als falle Kleidung einfach vom Himmel.

Um zu verstehen, warum Kleidung, die uns angeboten wird, oft so wenig (zu uns) passt, ist es nötig, einen genaueren Blick auf die Entstehungs- und Produktionsbedingungen von Kleidung und Mode zu werfen.

Noch vor gut hundert Jahren wurde wenigstens ein Teil der Kleidung im Haushalt angefertigt oder bei einer Schneiderei individuell in Auftrag gegeben. Kleidungsstücke wurden also immer dann hergestellt, wenn sie gebraucht wurden. Ein Mensch hatte einen Bedarf und dann wurde genau diesem Menschen ein Kleidungsstück individuell auf den Leib geschneidert. Es wurde Material ausgesucht, eingekauft oder auch erst genau für diesen

Anlass hergestellt und dann wurde, abgestimmt auf die Bedürfnisse und Wünsche des jeweiligen Menschen, ein Kleidungsstück genäht. Das war natürlich aufwendig und deswegen ist es kein Wunder, dass die meisten Menschen nur wenige Kleidungsstücke besaßen. Im Prinzip wurde fast jeden Tag dasselbe getragen – wer es gut hatte, besaß zudem ein Sonntagshemd. Selbst wenn es eine gesellschaftliche Arbeitsteilung gab, also wenn die Kleidung nicht in der Familie, sondern zum Beispiel von einer Schneider*in hergestellt wurde, gab es doch innerhalb der Familie häufig Anlässe, sich mit dieser Kleidung zu beschäftigen, denn Kleidung wurde immer wieder repariert, modisch umgearbeitet und in der Familie weitergegeben.

Heutzutage machen wir uns nur wenig Gedanken um einzelne Kleidungsstücke, denn wir haben jede Menge zu Hause. Kleidung ist Massenware und so billig, dass sie für alle verfügbar ist. Sie wird heutzutage weitestgehend industriell hergestellt, das heißt in Fabriken, in denen Stoffe produziert, die in anderen Fabriken zu Kleidungsstücken zusammengenäht werden.

Doch im Gegensatz zur Produktion vieler anderer Güter spielt Handarbeit in der Textilproduktion immer noch eine große Rolle. Das Nähen selbst übernimmt zwar die Nähmaschine, die vor mehr als 150 Jahren erfunden wurde (und vom Prinzip her heute immer noch genau so funktioniert wie damals), aber alle anderen Arbeitsgänge der Kleidungsherstellung basieren auf menschlichem Geschick: Die Idee des Kleidungsstücks, das Entwickeln eines entsprechenden Schnittmusters, das alle Teile enthält, aus denen das Kleidungsstück besteht, das Zuschneiden der Stoffteile aus mehreren Stofflagen, das Führen der Schnittteile durch die Nähmaschine und die Kettelmaschine, das Bügeln, das Einarbeiten von Knöpfen und Knopflöchern, Reißverschlüssen und Taschen. Jedes Kleidungsstück, auch das T-Shirt für fünf Euro, wird von Menschen entworfen und von Menschen Stück für Stück zusammengenäht.

Nicht nur der Herstellungsprozess von Kleidung, auch die Einzelteile, aus denen Kleidung besteht, aus denen zum Beispiel eine Hose zusammengesetzt ist, und die Prinzipien, nach denen Kleidungsstücke aufgebaut sind, haben sich in den vergangenen hundert Jahren kaum geändert. Obwohl es Moden und neuartige Materialien gibt, wie zum Beispiel Reißverschlüsse, die Knöpfe ersetzen, sind die „Bauteile" von Kleidungsstücken im Wesentlichen gleich geblieben.

Aber warum hat sich so wenig geändert? Theoretisch wäre es sicher möglich, für alle Arbeitsgänge der Bekleidungsproduktion präzise arbeitende Fertigungsroboter wie in der Autoindustrie zu entwickeln. Solange Kleidung aber in derart verschiedenen Variationen aus sehr unterschiedlichen Materialien hergestellt wird und vor allem in fernen Ländern ein Heer von Arbeitswilligen bereitsteht, die billiger arbeiten als Maschinen, lohnt sich diese Investition für die Bekleidungsindustrie nicht.

Einer der großen Unterschiede der industriellen Herstellung von Kleidung gegenüber der Kleidungsproduktion in vorindustrieller Zeit ist, dass diejenigen, die die Kleidung produzieren, die zukünftigen Träger*innen nicht kennen – und umgekehrt. Sobald Kleidung in Massenproduktion hergestellt wird, statt als Maßanfertigung für einen bestimmten Menschen, verändert sich etwas Entscheidendes: Die Kleidungsstücke passen weniger gut, als wir es uns wünschen. Schuld sind – vereinfacht ausgedrückt – die Konfektionsgrößen.

Das Konfektionsgrößen-Roulette

Wie viele verschiedene Kleidergrößen hängen in Ihrem Schrank? Damit meine ich nicht das Bandshirt, das Sie in den frühen Neunzigern auf einem Festival kauften oder das T-Shirt, das Sie um die Jahrtausendwende in der Schwangerschaft trugen und aus Sentimentalität bis heute aufbewahren. Nein, wie viele verschiedene Größen stehen in den Kleidern, die Sie im Moment tatsächlich tragen? Eine einzige? Sehr unwahrscheinlich. Zwei, drei, vier verschiedene? Schon wahrscheinlicher.

Wir haben uns daran gewöhnt, dass Konfektionsgrößen keine präzise definierten Maßeinheiten darstellen. Kleidergrößen unterscheiden sich schon in der Europäischen Union erheblich voneinander. Was bei uns als Größe 36 gelabelt wird, ist in Frankreich, Spanien, Italien ungefähr eine Größe 40. Großbritannien und die USA haben ein eigenes System, angefangen mit Größe 0, „Size Zero", wobei eine Größe 10 in den USA ungefähr einer Größe 12 in Großbritannien entspricht. Manche Marken verkaufen Doppelgrößen wie „38/40", „42/44", während wieder andere die Kleidung mit den Größen S, M, L, XL, XXL und so weiter kennzeichnen. Jeansmarken geben die Taillenweite und die Beinlänge der Hosen in Inches an.

Es ist eine eigene Wissenschaft, sich mit den vielen verschiedenen Systemen der Kleidergrößen auszukennen und jeweils zu wissen, was sie bedeuten und welche Größe auf dem Etikett annäherungsweise dem eigenen Körper entsprechen könnte. Noch ein Grund, warum Shopping kein echtes Vergnügen ist, denn neben den verschiedenen Systemen sind die Größen auch innerhalb eines Systems, ja oft sogar innerhalb einer Bekleidungsmarke nicht genormt. Manchmal passt Größe 40 genau, manchmal ist Größe 44 noch zu eng. Passt uns jetzt ein Hosenmodell von Firma X in Größe Y ziemlich gut und wollen wir es ein Jahr später nachkaufen, so kann es sein, dass es das Hosenmodell zwar noch gibt, aber die Größen völlig anders ausfallen und uns Größe Y nicht mehr passt, ohne dass wir uns verändert haben.

Jedes Mal, wenn wir ein Kleidungsstück anprobieren, wissen wir also nicht, was uns erwartet. Wird es passen, wird es nicht passen? Wird die Zahl auf dem Etikett uns erfreuen oder werden wir beschämt, weil wir die Verkäufer*in bitten müssen, uns ein weiteres Teil mit einer etwas größeren Zahl auf dem Etikett herauszusuchen?

Würden wir uns im Zusammenhang mit irgendeinem anderen Produkt als Konsument*innen so ein Durcheinander bei Größen und Passformen gefallen lassen? Kühlschränke und Waschmaschinen verschiedener Fabrikate sind ja auch nicht nur ungefähr 60 cm breit, sondern sie passen immer genau in die für sie vorgesehenen Lücken.

Dass es bei Konfektionsgrößen keinen genormten industriellen Standard gibt, hat historische Gründe. Schon in der Frühzeit der Konfektion Mitte des 19. Jahrhunderts wurden vor allem wenig passformsensible Kleidungsstücke hergestellt und jede Firma ging bei der Größenerstellung von einer eigenen Maßtabelle aus. Aber was sind Konfektionsgrößen eigentlich genau und wie sind unsere Größen entstanden?

Konfektion: One Size fits many

Während bei Maßgeschneidertem ein Kleidungsstück für einen ganz bestimmten Körper produziert wird, wird die Passform von Kleidung, die industriell in Massen hergestellt wird, durch Kleidergrößen definiert, die auf bestimmten Annahmen über Körper basieren. Um ein Maßkleidungsstück für einen individuellen Körper passend zu machen, wird dieser an verschiedenen Körperbereichen vermessen und der Entwurf des Kleidungsstückes darauf abgestimmt. Da die industrielle Produktion von Kleidung ihre zukünftigen Träger*innen nicht kennt, müssen im Vorfeld Hypothesen entwickelt werden, wie diese Menschen aussehen. Aus diesem Grund wurden die Konfektionsgrößen entwickelt.

Konfektionsgrößen sind im Grunde nichts anderes als eine Aufteilung der Menschheit (oder der zukünftigen Besitzer*innen der Kleidung) in Gruppen. Menschen mit ungefähr gleicher Körperlänge und -umfang werden einer Gruppe zugeteilt. Um nicht nur *One-size-fits-all*-Kleidung zu produzieren, wurde immerhin berücksichtigt, dass es Menschen in kleinen, mittleren und größeren Varianten gibt und diese Varianten wurden zu Konfektionsgrößen zusammengefasst. Je mehr Gruppen bzw. Größen, desto höher die Trefferwahrscheinlichkeit, dass das Kleidungsstück annähernd passt.

Die Maße, die den heutigen deutschen Damen-Kleidergrößen zugrunde liegen, wurden 1994 durch Reihenmessungen ermittelt. Es gibt zwar neuere Messungen – bei denen festgestellt wurde, dass die deutsche Durchschnittsfrau seit 1994 im Mittel 2,3 cm Brustumfang, 4,1 cm Taillenumfang und 1,8 cm Hüftumfang zugelegt hat – doch diese wurden nicht *en detail* veröffentlicht. Zuständig für diese Erhebung der Körpermaße sind in Deutschland die Hohensteiner Institute. Die neuere Messung per 3D-Scanner wurde 2008 von diversen Unternehmen der Bekleidungs- und Autoindustrie finanziert und steht erst einmal nur diesen zur Verfügung.

Eine Reihenmessung ist nichts anderes als die Messung ausreichend vieler Menschen und die Verknüpfung der Messergebnisse mit sozio-demografischen Daten. Bei jedem Menschen wurden bei der aktuellen Messung für die Bekleidungsindustrie 44 verschiedene Körpermaße ermittelt. Aus diesen Messungen wurden – wie auch schon 1994 und zuvor – Standardmaßtabellen entwickelt, doch es bleibt den Textilunternehmen überlassen, in wieweit sie sie nutzen bzw. auf die Bedürfnisse ihrer Kund*innen abändern, so erklärte die Schneiderin und Bekleidungsingenieurin Simone Morlock vom Hohenstein Institut in einem Interview mit der Hannoverschen Allgemeinen.

Bei den Konfektionsgrößen gibt es also kein allgemein und vor allen Dingen verpflichtend gültiges normiertes System, mit dem Körpermaße in Gruppen eingeteilt werden. Manchmal werden Konfektionsgrößen auch dazu eingesetzt, das Image einer Marke zu prägen und bestimmte Kund*innen aktiv anzusprechen oder auszuschließen. Bekleidungsmarken definieren ihre Maß- und Größentabellen entsprechend der jeweiligen Wunschkundin und definieren die Größenvariationen so, dass sie vor allem den Frauen passen, die sich die Marke als Idealkundin vorstellt.

Die meisten Unternehmen schneiden aus Angst, Kund*innen zu verprellen, ihre Kleidung etwas weiter zu, so Simone Morlock: „Das Größenetikett bleibt aber das gleiche. ‚Schmeichelgrößen' heißt das im Fach-Jargon." Einige Firmen gehen jedoch den umgekehrten Weg: Mike Jeffreys, Chef der Marke *Abercrombie & Fitch*, gab 2013 in einem Interview unumwunden zu, dass die Kleidung seines Unternehmens nur für „perfekte Menschen, jung und attraktiv, gerne mit Waschbrettbauch" zur Verfügung stehen soll.

Diese unverhohlen formulierte exkludierende Marketingstrategie kam allerdings nicht besonders gut an, woraufhin die Bekleidungskette kurze Zeit später auch die Größen L und XL mit ins Sortiment aufnahm.

Eigentlich ist diese Vorgehensweise, sich an den Bedürfnissen der Kund*innen (bzw. an deren Körper) zu orientieren, genau richtig. Wer für ein junges, sportliches Publikum Kleidung herstellt, sollte natürlich andere Maße zugrunde legen, als ein Unternehmen, das Kleidung für ältere Frauen produziert, denn der Körper verändert sich im Laufe des Lebens: Die Brust hängt dank der Schwerkraft, der Oberkörper wird kürzer, weil der Rücken sich rundet und die Bandscheiben zusammenschrumpfen, und in der Taillengegend sammelt sich dank hormoneller Umstellung in den Wechseljahren weiches Gewebe. Es würde gar nicht funktionieren, die für junge Frauen entworfene Kleidung einfach zu vergrößern. Ältere Frauen sind nicht per se dick – ihr Körper sieht einfach anders aus. Eine ältere Frau, die eine Größe 38 trägt, hat eine andere Figur als eine junge Frau mit derselben Kleidergröße. Umso mehr wundert es mich, wenn Frauen mir stolz erzählen, dass sie ihr Leben lang dieselbe Kleidergröße getragen haben. Abgesehen davon, dass sich sowieso jedes Unternehmen unter einer Größe 38 vorstellen kann, was es mag, bin ich sicher, dass sich der Körper im Laufe des Lebens verändert hat, auch wenn sich das nicht in der Kleidergröße zeigt.

Konfektionsgrößen sind also ein Kompromiss oder ein Anfang. Sie sind der Versuch, das Wissen der erfahrenen Schneider*in, die für eine individuelle Kund*in näht, für die Textilindustrie aufzubereiten. Und sagen wir es mal so: Sie sind immerhin besser als eine Einheitsgröße. So wird zumindest in klein, größer und groß sowie schmal, breiter und breit unterschieden. Aber letztlich ist diese Art der Kleiderproduktion ohne diejenige zu kennen, die das Kleidungsstück später tragen wird, ein Schießen mit Schrotflinten nach dem Motto: Irgendwem wird es schon passen. Ein Problem entsteht jedoch auf einer anderen Ebene, denn die schlechte Passform industriell hergestellter Kleidung ist nur das eine. Viel bedenklicher finde ich, wie ernst Menschen diese Größen nehmen und mit welcher Bedeutung sie sie belegen. Ich finde es erstaunlich, wie hörig viele Menschen diesen Kleidergrößen sind, wie stark sie sich mit diesen Zahlen identifizieren und wie empört sie reagieren, wenn die Kleidergröße des einen Unternehmens anders ausfällt als die eines anderen. Das liegt daran, dass wir Kleidergrößen nicht nur als praktisches Auswahlkriterium nutzen, um ein möglichst passendes Kleidungsstück zu finden, sondern dass wir diese Zahlen mit Bedeutung aufgeladen haben. Es sind für uns nicht nur Zahlen!

Wenn wir vom deutschen Größensystem für Damenoberbekleidung ausgehen, dann entstehen bei den meisten Menschen Bilder im Kopf, wie eine Frau aussieht, die eine Kleidergröße trägt, bei der eine 3, eine 4 oder sogar eine 5 oder 6 am Anfang steht. Das Tragische ist, dass es nicht nur Bilder sind, sondern dass mit diesen Bildern automatisch auch Bewertungen verknüpft sind. Wir leben schon so lange mit diesem Größensystem und es fällt schwer, sich davon frei zu machen. Konfektionsgrößen sind das Pendant zu den anderen Zahlen, um unseren Körper bewerten, wie zum Beispiel das Gewicht oder der damit verbundene problematische Bodymassindex. Bei allen diesen Zahlen orientieren wir uns an einem Ideal und grämen uns, wenn wir davon abweichen. Wir glauben, dass es gute und schlechte Zahlen gibt, oder dass etwas mit uns nicht richtig ist, wenn wir nicht die richtige Größe tragen. Das Gefühl, falsch zu sein, ist also durch Kleidergrößen ebenso wie durch andere Zahlen, die unseren Körper beschreiben, objektivierbar. Wir können diese Zahlen messen und schwarz auf weiß auf Papier sehen – was sie ehrlich gesagt weder richtiger noch bedeutender macht. Aber genau darum geht es im nächsten Teil.

Nicht der Körper ist falsch, sondern die Kleidung, die uns angeboten wird

Diejenigen, die Kleidung herstellen oder entwerfen, kennen uns nicht. Es wäre Zufall, wenn etwas einfach so passt. Was wir kaufen können, ist Massenware, doch „wir sind nicht von der Stange" wie die Plus-Size-Bloggerin Miss Bartoz schon vor vielen Jahren postulierte. Unsere Körper sind alle verschieden. Diese Unterschiedlichkeit der einzelnen Körperbereiche kann von industriell hergestellter Kleidung gar nicht berücksichtigt werden. Ganz abgesehen von verschiedenen Körperformen, die sich entwickeln, wenn durch Nahrung aufgenommene Energie im Körper gespeichert wird, gibt es auch Fehlhaltungen und Körperveränderungen durch Krankheiten oder den schlichten Lauf des Lebens, die in Summe genommen jeden Körper einmalig werden lassen.

Wenn wir diese komplexen Anforderungen an Kleidung auch in der Massenproduktion neu denken wollten, müsste die Produktion ganz anders organisiert sein. Denkbar und auch jetzt schon technisch möglich wäre, unseren Körper mittels 3D-Scanner zu vermessen und individualisierte Bauteile von Kleidung auf speziellen Kund*innenwunsch *just in time* zu Kleidung zusammenzusetzen, wie das zum Beispiel in der Autoindustrie jetzt schon geschieht. Das würde allerdings nur funktionieren, wenn Kleidung kein Billigprodukt mehr wäre. Die Idee hat was. Vielleicht müssen wir versuchen, industriell hergestellte Maßkleidung zu erzeugen und dabei Kleidung noch futuristischer zu denken: Wie wäre es, wenn wir Kleidung einfach auf den Körper aufsprühen könnten oder in ein Tauchbecken steigen? Aber das wäre dann auch nicht recht, denn Kleidung soll zwar passen, aber kein konkretes Abbild unseres Körpers sein. Wir erwarten zu Recht von Kleidung, dass sie eine andere Silhouette erzeugen kann, als nur den Körper zu bedecken. Andere Produktionsweisen funktionieren also nicht so einfach. Im Moment müssen wir uns noch damit zufriedengeben, dass zweidimensionale Stoffstücke in Massenfertigung zusammengenäht werden, um damit unseren dreidimensionalen Körper zu umhüllen.

Aber auch da gäbe es sicher noch andere clevere Lösungen, alle individuellen Bedürfnisse vielfältiger Körper zu befriedigen, die über den Einsatz der elastischen Faser Elasthan hinausgeht, die eine flexible Weite ermöglicht. Menschen unterscheiden sich nicht nur durch unterschiedliche Umfänge, deshalb braucht es kreative Ideen für individuell bessere Passform. Das kleine Berliner Label S*tokx* zum Beispiel macht seit Jahren Kleidung, die verstellbar und damit für individuelle Körperbedürfnisse nutzbar ist. Warum können die großen Marken das nicht? Oder wollen sie es etwa nicht? Reicht ihnen das, was sie mit uns verdienen, weil wir ihre Kleidung ohnehin kaufen, auch wenn sie uns nicht gut passt?

Bei der industriellen Herstellung von Kleidung ist also einkalkuliert, dass Kleidungsstücke nur einigermaßen passen und gleichzeitig wird damit in Kauf genommen – bei Firmen wie *Abercrombie & Fitch* gehört das sogar zum Geschäftsmodell – dass Menschen diese Abweichung auf sich beziehen. Es stört niemanden, warum auch, schließlich passt es ins System. Wir erinnern uns: Wo kämen wir hin, wenn plötzlich alle Frauen zufrieden mit sich wären. Sie könnten schließlich auf dumme Gedanken kommen.

Lasst uns damit aufhören, Kleidung, die nicht gut passt, persönlich zu nehmen! Der erste Schritt aus dieser belastenden Situation auszusteigen, ist zu verstehen, dass uns weder unser Körper, noch das Kleidungsstück ein Problem bereiten, sondern das System, wie Kleidung gemacht wird. Das Kleidungsstück ist, wie es ist, aber es schreibt uns nicht vor, wie wir zu sein haben. Wenn es uns nicht passt, interessiert es das Kleidungsstück nicht. Aber wir sind diejenigen, die daraufhin schlechte Gefühle haben, weil wir daraus schließen, dass an unserem Körper irgendetwas nicht stimmt, statt uns darüber aufzuregen, dass es nicht gibt, was wir brauchen. Eine Möglichkeit wäre es, auf die Barrikaden zu gehen und mittels Konsumverzicht wirksam zu fordern, dass ganz andere Kleidung erzeugt werden soll, weil wir etwas anderes als das bisher Angebotene brauchen.

Genau das fordern Plus-Size-Modebloggerinnen und Körper-Aktivistinnen seit vielen Jahren: „Wir sind viele, stellt endlich Kleidung her, die uns passt!" Der Wunsch ist berechtigt. Die durchschnittliche deutsche Frau trägt eine Kleidergröße 42 oder 44, aber die meisten Kleidungskollektionen gehen gerade so bis zu diesen Größen, dabei bedeutet Durchschnitt schließlich, dass es durchaus auch noch größere Frauen gibt.

Wenn ein großer Teil der weiblichen Bevölkerung tatsächlich eine Kleidergröße über 40 trägt, dann ist die Frage berechtigt, warum dafür so wenig oder so wenig schöne Kleidung produziert wird. Mit etwas Hintergrundwissen über die Bekleidungsindustrie ist diese Frage allerdings leicht zu beantworten: Je größer der Körper, desto mehr Variationen. Während es noch relativ einfach ist, gut passende Kleider für Menschen mit wenig Hügeln und Tälern des Körpers (Brust, Bauch und Po) zu machen, wird es komplizierter, wenn diese Hügel ausgeprägter und an verschiedenen Positionen sind. Die Konsequenz der Produzent*innen für Plus-Size-Kleidung daraus ist einfach: Dann nähen wir eben einen Sack – Hauptsache, alles passt rein. Diese Säcke sind dann allerdings meilenweit von den modischen Kleidungsstücken entfernt, die sich Plus-Size-Bloggerinnen als

Sprachrohr der Frauen mit einer größeren Kleidergröße wünschen. Immer dann, wenn Kleidungsstücke industriell hergestellt werden, also in Massenkonfektion für ganz viele Menschen, muss das Design so sein, dass alle Variationen an Körpern hineinpassen.

Es ist ärgerlich, wenn es nichts Passendes zu kaufen gibt. Noch ärgerlicher finde ich es aber, wenn sich die Frauen dafür selbst die Schuld geben. Wenn Körper individuell sind, aber Kleidung allen passen soll, muss jemand Kompromisse machen. Oder aber wir müssen unsere Kleidung selbst herstellen – dann geht es ohne Kompromisse. Dann können wir unsere Maße nehmen und in den Kleidungsstücken überall dort, wo der Körper Weite und Länge braucht, für Weite und Länge sorgen.

Bei maßgeschneiderter Kleidung sind Maße ein Hilfsmittel, um gut passende Kleidung herzustellen. Sie beschreiben die Hügel und Täler unseres Körpers, so ähnlich wie Längen- und Breitengrade einer Landkarte. Wenn man das bedenkt, gibt es keinen Grund, Maße als etwas Negatives zu sehen. Maße helfen uns, den Körper so zu sehen und zu beschreiben, wie er ist, um die Kleidung so zu gestalten, wie es der jeweilige Körper braucht. Wenn also Kleidung nicht mehr in Massenproduktion hergestellt wird, dann können wir dafür sorgen, dass Kleidung gut passt. Aber es geht noch mehr: Bei individuell hergestellter Kleidung können wir Kleidung tragen, die nicht nur tadellos passt, sondern auch zu uns und unserem Leben passt. Kleidung selbst zu produzieren, hätte zudem noch einen anderen Vorteil: Wir könnten den Wahnsinn der ausbeuterischen industriellen Textilproduktion stoppen und einen Beitrag dazu leisten, das Klima zu retten.

Industriell hergestellte Kleidung verursacht noch mehr Probleme

Industriell hergestellte Kleidung hat eine Größenordnung angenommen, die ich wirklich unvorstellbar finde. Wir alle haben viel zu viel Kleidung, weil zu viel hergestellt und angeboten wird und weil die Kleidung, die es zu kaufen gibt, einfach zu billig ist. Während es früher in den Läden zwei Kollektionen zum Jahreszeitenwechsel gab, wechselt das Angebot heute in manchen Geschäften alle paar Wochen, um die Kund*innen regelmäßig zum Kaufen zu verlocken.

Früher, ja früher hielt Kleidung oft ein Leben lang. Man hatte nur ein Hemd, und das trug man bei allen Gelegenheiten. Auch als Kleidung mit der Zeit immer leichter zu bekommen war, hatten unsere Eltern und Großeltern nur zwei Arten von Kleidung: die Kleidung „für gut" und die für den Alltag. Ihr Kleiderschrank war definitiv kleiner als unserer, denn sie passten viel besser auf ihre Kleidung auf und reparierten und passten an, was notwendig war. Jetzt gibt es uns, die wir Shirts für fünf Euro kaufen, obwohl wir wissen, dass es dabei nicht mit rechten Dingen zugehen kann.

Zu diesen Shirts bauen wir gar keine tiefe Bindung auf, denn weder das Material noch die Verarbeitung laden dazu ein, uns länger als für einen kurzen Augenblick daran zu binden. Diese Haltung steigert sich bei manchen Menschen bis zu dem Extrem, in Billigläden zu kaufen, ohne anzuprobieren, und dann zuhause das wegzuwerfen, was nicht passt oder gefällt.

Heute besitzt ein Mensch laut einer Greenpeace-Studie durchschnittlich 95 Kleidungsstücke (ohne Unterwäsche und Socken) – Frauen noch mehr als Männer, und je höher der Bildungsstand und das Einkommen, umso größer wird auch der gefüllte Kleiderschrank. Neben der Veränderung des Körpers (die Kleidung passt nicht mehr, so sagten die Befragten, aber vielleicht hat das Kleidungsstück ja noch nie gut gepasst) und dem Wechsel der Moden, ist Verschleiß eine Ursache dafür, dass wir Kleidung nur noch kurz besitzen. Wer stopft heutzutage noch kaputte Socken oder Unterhosen? Wer kann das überhaupt noch? Und selbst wenn: Wer hat oder nimmt sich dafür die Zeit? Selbst meine Freundinnen und ich, die Bekleidung nähen und damit natürlich auch reparieren können, nähen viel lieber etwas Neues und ignorieren den Stapel mit den zu reparierenden Dingen, bis das Kind aus der kaputten Kleidung herausgewachsen ist.

Verschleiß hat auch etwas mit den verwendeten Materialien zu tun. Überall wird gespart, natürlich auch an der Qualität des Materials und beim Materialeinsatz. Außerdem ist es ohnehin nicht erwünscht, dass Bekleidung länger hält. Die Kund*innen sollen ja schließlich regelmäßig wiederkommen und etwas Neues kaufen. Doch der häufigste Grund dafür, dass Kleidung entsorgt wird, ist, dass sie einfach nicht mehr gefällt.

Jedes fünfte gekaufte Kleidungsstück wird laut einer repräsentativen Umfrage von Greenpeace aus dem Jahr 2015 nach dem Kauf nur einmal oder sogar gar nicht getragen. Es scheint nicht um die Kleidung an sich zu gehen, sondern nur um das Shoppingerlebnis.

Wenn Kleidung billig ist, wird sie zum Wegwerfartikel. Genau wie der Plastikbecher für den Kaffee *to go* hat das Kleidungsstück seinen Lebenszweck erfüllt, wenn es uns auf einer einzigen Party gut aussehen lässt. Dabei benötigt ein Kleidungsstück viel zu viele Ressourcen (Energie, Rohstoffe, Wasser und Arbeitskraft), um es zu einem Wegwerfprodukt zu machen.

Auch wenn wir ein gewisses Gefühl dafür haben, dass wir zu viel Kleidung kaufen – die nackten Zahlen sollten es uns klar machen. Laut Greenpeace hat sich die Bekleidungsproduktion von 2000 bis 2014 verdoppelt.

In einem anderen Beitrag von Greenpeace von 2017 heißt es: Durchschnittlich kauft ein Mensch sechzig Kleidungsstücke im Jahr. Sechzig Kleidungsstücke?! Was machen die Menschen mit all dem Kram? Erst wird gehortet und dann entsorgt. Unsere Kleiderschränke quellen über und brechen fast auseinander – genauso wie die Altkleidercontainer. Laut einem Beitrag von Luisa Hans im Onlinejournal *itfits*, werden in Deutschland 1,3 Millionen Tonnen jährlich in der Altkleidersammlung entsorgt. Millionen! Während wir früher wenigstens mit gutem Gewissen unseren Garderoben-Überschuss aussortieren konnten, nach dem Motto, „wenn ich es nicht mehr mag, dann tue ich mit dem Kleidungsstück bestimmt einem armen Menschen etwas Gutes", sollte uns heute klar sein, dass diese Absolution nicht mehr funktioniert. Es gibt so viel neue, nur wenig gebrauchte und kaputte Kleidung auf der Welt, dass Kleidung kaum noch an „die Armen" ausgeteilt wird. Das Geschäft mit Altkleidung boomt – entweder wird die gespendete Kleidung in ärmeren Ländern verkauft, oder sie landet im Reißwolf und wird zur Erzeugung von Dämmmaterialien oder Ähnlichem genutzt oder schließlich auf Mülldeponien entsorgt. Nur etwa drei Prozent landet als Second-Hand-Ware in den Läden.

Das gute Gefühl, wir würden unseren Mantel teilen wie Sankt Martin, müssen wir uns leider abschminken. Kleidungsstücke landen viel zu oft auf dem Restmüll, obwohl klar sein sollte, dass ein so ressourcenintensives Produkt weiterverwendet werden müsste, statt dem Wertstoffkreislauf entzogen zu werden.

Wenn wir uns mit der Realität der Altkleiderberge und den damit verbundenen Geschäftspraktiken auseinandersetzen, bleibt nach dem Aussortieren alleine das Gefühl, etwas erledigt, uns erleichtert zu haben, nur weil die Kleidung, die wir noch vor Kurzem unbedingt haben mussten, plötzlich „kein Joy mehr sparkt" (wie Marie Kondo in der im Frühjahr 2019 boomenden Amazonserie verkündete: „Trenn' dich von allem, was dich nicht glücklich macht". Aber sie muss sich ja auch nicht um das weltweite Müllproblem kümmern).

Apropos Klima: Wie schon erwähnt, verbraucht die Produktion von Kleidung enorm viele Ressourcen und die Art und Weise, wie wir uns von ihr verabschieden, führt sie leider nicht dem Wertstoffkreislauf zu.

Das liegt unter anderem daran, dass die Qualität der Kleidung so schlecht geworden ist, dass das Material nicht mehr recycelt werden kann. Durch die überwiegende Verwendung von Polyester und anderen Synthetikfasern in Mischung mit Naturfasern wird der Recyclingprozess zu kompliziert. Die Fasern können nicht neu versponnen werden und ergeben nur noch qualitativ minderwertige Textilien. So wird der heiße Fummel für eine rauschende Ballnacht leider im nächsten Leben nur noch zum Putzlappen oder zu schlechter Luft, weil er mit dem Restmüll verbrannt wird. Die geringen Preise, die dafür erzielt werden, machen die Weiternutzung unattraktiv.

Wussten Sie, dass acht Prozent des weltweiten CO_2-Ausstoßes nur durch die Produktion der Bekleidungs- und Schuhindustrie entsteht? Klar, das ist zwar weniger als zum Beispiel der CO_2-Ausstoß der Fleischproduktion, aber mehr als der des weltweiten Flug- und Schiffsverkehrs zusammen – nur wird viel weniger darüber geredet! Ich kannte diese Zahlen auch nicht, bis ich sie in dem Artikel „Klimawandel und Mode – wie sehr unser

Konsum das Klima beeinflusst“ von Phoebe Nicette las. Die rasant wachsende Textilproduktion ist laut Greenpeace in den überwiegend asiatischen Produktionsländern zum zweitgrößten Wasserverbraucher und Wasserverschmutzer geworden. Oder um es ganz anschaulich zu formulieren: Rund 7000 Liter Wasser werden zur Produktion einer einzigen Jeans verbraucht. Die bei der Textilproduktion verwendeten Chemikalien, die dank lockerer Umweltstandards in den produzierenden Ländern in Flüsse und Seen gekippt werden, sind ein mindestens ebenso großes Problem. Im Greenpeace-Report „A little Story About a Monstrous Mess“ wird darauf aufmerksam gemacht, dass ein giftiger Chemiecocktail, der als riesige schwarze Wolke im Meer sogar auf Satellitenbildern zu erkennen ist, aus der Produktion von Kinderkleidung in China stammt, die für den Export vorgesehen ist. Die Giftstoffe aus den Fabriken werden meist ungeklärt abgeleitet und sind immer häufiger in Tieren und Menschen nachzuweisen.

Unsere Gier nach (neuer) Kleidung schafft einen Haufen von Problemen – die auf dem Preisschildchen beim Kauf leider nicht ausgewiesen oder mit Etiketten wie „Bio“ oder „aus fairen Bedingungen“ grüngewaschen werden. Klar ist es gut, wenn Biofasern verwendet werden oder bei der Textilproduktion versucht wird, die Produzierenden besser zu behandeln, aber das ist bei der Dimension der gesamten Textilproduktion derzeit ein Tropfen auf den heißen Stein. Letztlich musste jedes Kleidungsstück, das wir kaufen oder besitzen, irgendwann einmal irgendwo von irgendjemandem produziert werden, und je mehr wir kaufen, umso mehr summieren sich die Nebenwirkungen. Jedes Kleidungsstück hat einen gewissen CO_2-Ausstoß verursacht und wurde in den meisten Fällen von einem Menschen genäht, der oder die dafür keinen angemessenen Lohn bekommen hat. Doch wir konsumieren fröhlich weiter und werfen weg, was uns nicht gefällt. Als hätte das alles keinerlei Konsequenzen.

Schon vor Corona war uns eigentlich klar, dass dieses System fehleranfällig und krank ist. Aber wir wollten nicht hinschauen. Wir versuchten die Bilder, die wir aus den brennenden Textilfabriken sahen, zu verdrängen. Wir hörten nicht zu, wenn jemand erklärte, dass der Tageslohn einer Näherin in Bangladesch bei knapp fünf Euro liegt und im neusten Lieblingsland der Textilindustrie, in Äthiopien, sogar nur bei 1,16 Euro. Klar, dass eine Näherin davon kaum ihre Familie ernähren kann.

Wir wollten es einfach nicht wissen, oder die Alternativen waren uns zu mühsam und zu teuer. Wir reden uns – genau wie beim Fleischkonsum – ein, dass wir doch meistens bewusst konsumieren, gar nicht jede Mode mitmachen und dass der Verzicht auf das gestern neu gekaufte Shirt die Welt doch auch nicht besser machen würde.

Doch die Coronakrise rückte alles in den Blick, was in unserer Welt schief läuft. Die Konsumpause während der Pandemie veränderte auch unseren Blick auf Mode. Zumindest hoffe ich das – und wenn nicht, dann sollten wir jetzt unsere Haltung ändern. Denn dieses Verständnis von Mode, das in immer kürzeren Produktzyklen denkt, das von Medien angeheizt wird und auch von uns kritiklos angenommen wird, können wir uns global gesehen nicht mehr leisten.

Mode kann auch Mode sein, wenn sie langlebig ist. Warum auch nicht? Letztlich geht es darum, was angesagt ist, und wenn heutzutage etwas angesagt sein sollte, dann doch, einen wachsamen Blick auf die Welt zu richten, zu verbessern, was zu verbessern ist, um unsere Welt zu retten. Wir können es uns einfach nicht mehr leisten, zu hoffen, dass Katastrophen in anderen Teilen der Welt stattfinden oder Pandemien schnell vorbei gehen.

Wie wäre es, wenn wir uns – mit mehr Hintergrundwissen und neuen Werten – überlegen, was für Kleidung wir eigentlich haben wollen und nach den neuen Maximen auch handeln? Wie wäre es zum Beispiel, unseren Kleiderschrank wirklich auf Qualität auszurichten? Lesen Sie einen beliebigen Stilratgeber: Überall wird dazu geraten, statt mehrerer Kleidungsstücke lieber eine zeitlose Variante von hoher Qualität zu erwerben. Doch dazu müssen wir lernen, was Qualität bedeutet. Der Preis alleine verrät uns leider noch nicht viel darüber. Allzu oft wird der Preis eher über die Marke bestimmt, als über die verwendeten Materialien oder hochwertige Produktionsprozesse. Es reicht also nicht, einfach nur in teurere Geschäfte zu gehen.

Wenn wir Qualität als Wert haben, sollten wir uns zu mündigen Konsument*innen entwickeln, die Qualität auch beurteilen können. Das ist zugegebenermaßen etwas aufwendiger, als einfach nur shoppen zu gehen. Doch was wir bekommen, sind Kleidungsstücke, die vermutlich langlebiger sind als das, was wir bis jetzt besaßen. Die Langlebigkeit kann durchaus auch daher kommen, dass wir uns etwas mehr Mühe bei der Behandlung der Kleidung geben, sie sorgfältiger pflegen, immer mal lüften statt waschen, und sie reparieren, um sie länger nutzen zu können. Es ist eine Frage der persönlichen Werte. Vielleicht können wir unseren Wert auch auf andere Weise der Welt kommunizieren, als dauernd in den neusten Klamotten herumzulaufen. So könnten wir unseren Beitrag dazu leisten, das Klima zu schonen und weitaus weniger Menschen müssten auf anderen Kontinenten zu einem Hungerlohn arbeiten.

Es gibt in meinen Augen kein Argument gegen nachhaltige Mode, gegen Kleidung, die wir über Jahre gerne tragen, außer dass der Bekleidungsindustrie dadurch Einnahmen verloren gehen. Die Einzigen, die Interesse daran haben, dass wir Kleidung nur kurzfristig tragen und immer wieder für Nachschub sorgen, sind diejenigen, die Kleidung verkaufen. Wer sagt denn, dass sie das Tempo vorgeben dürfen? Vielleicht können das ja zur Abwechslung mal diejenigen sein, die die Zusammenhänge zwischen Klimawandel und wirtschaftlichem Wachstum begreifen und „Stopp" sagen.

Kauft mehr!

Auch wenn ich im vorigen Kapitel nur Zahlen für Phänomene lieferte, die zumindest im Groben allgemein bekannt sein dürften: Wir spielen das Spiel mit, wir schauen weg, ignorieren die Zukunftsprognosen und geben dem Druck, das Konsumniveau aufrecht zu erhalten oder sogar noch zu erhöhen, immer wieder nach.

Der Wachstumsmotor schlechthin sind unbefriedigte Bedürfnisse. Immer dann, wenn wir das Gefühl haben, nicht richtig zu sein, nicht das Richtige zu besitzen, versuchen wir unser Gefühl der Unvollkommenheit durch Konsum zu befriedigen. Was wäre, wenn dieses Gefühl der Unvollkommenheit gar nicht da wäre? Oder was wäre, wenn uns klar werden würde, dass diese merkwürdige Leere in uns gar nichts mit unserem Äußeren zu tun hat und somit gar nicht durch den Konsum von Kleidung loszuwerden ist?

Wir lieben die Abwechslung! Wir sind süchtig danach, immer wieder Neues zu bekommen. Wir sind es gewohnt, zu schauen, was es in den Geschäften Neues gibt und können es im Spätsommer gar nicht abwarten, die neuen Winterstiefel auszuführen. Wir freuen uns daran, wenn andere bemerken, dass etwas neu ist, denn Neues verschafft uns Anerkennung.

Werbung nehmen wir als Produktinformation wahr oder lassen uns von der Hoffnung verzaubern, was für uns und unser Leben möglich sein könnte, wenn wir das neue Produkt besäßen. Wir werden verführt, spielen das Spiel mit und kaufen und kaufen. Ein Ende des Wahnsinns ist nicht abzusehen – die Bekleidungsindustrie hoffte nach dem erzwungenen Shoppingverzicht der ersten Coronawelle auf ein Wachstum von sechzig Prozent. Dabei stellten die meisten Menschen in den Monaten der Pandemie fest, dass sie viel weniger Konsumbedürfnisse haben, als sie vorher dachten. Ob wir es schaffen, diese Erkenntnis längerfristig zu bewahren? Ich fürchte nein, denn wir leben in einer Gesellschaft, die der Idee folgt, dass Wachstum die Grundlage für unseren Wohlstand ist. Wachstum ist das Ziel – ohne genauer hinzuschauen, welche Nebenwirkungen dabei entstehen könnten.

In den vergangenen Jahren hat sich der Abstand zwischen Arm und Reich bei uns, aber auch das Wohlstandsgefälle zwischen den Ländern dieser Erde vergrößert. Die Umwelt wurde ausgebeutet, Tierarten ausgerottet und das Klima zerstört, um immer weiter wachsen zu können, als gäbe es keine anderen Werte. Wirtschaft und Politik sind davon getrieben, Wachstum anzuheizen, und auch wenn wir uns als Einzelne gegenüber diesen Bestrebungen unbedeutend und ohnmächtig fühlen, sind wir ein tatsächlich unentbehrliches Rädchen im Getriebe, denn unser Konsum ist der Motor dieses Wachstums. Kein Wunder, dass sich alle, die an uns verdienen können, Mühe geben, in uns Kaufbedürfnisse hervorzurufen.

Wenn ein Mehr an Konsum durch das Befriedigen des simplen Bedürfnisses, sich zu kleiden und gegen Kälte und Wettereinflüsse geschützt zu sein, nicht mehr erreicht werden kann, treten andere, unbefriedigte Bedürfnisse an diese Stelle. Kleidung wurde mit neuer Bedeutung aufgeladen und wir haben uns daran gewöhnt und entwickeln wie erhofft immer wieder neue Begehrlichkeiten, die mit Käufen befriedigt werden. Eigentlich wissen wir alle, dass wir zu viel Kleidung besitzen, dass es ein Altkleiderproblem gibt, wir wissen von den unwürdigen Arbeitsbedingungen und dennoch fällt es uns schwer, unser Konsumverhalten zu ändern.

Warum sind wir so ignorant? Weil Kleidung so wichtig für uns ist. Kleidung ist die Chance, einen anderen Menschen aus uns zu machen. Jeder Kleidungskauf ist unbewusst mit dem Traum verbunden, dieses Mal den Hauptgewinn zu erwischen und genau das zu bekommen, was uns guttut. Gut, vielleicht haben wir den Traum, zu einem neuen, perfekten Menschen zu werden, nicht beim Kauf jeder Unterhose. Aber während ein Teil unseres Kleiderschranks mit Wegwerfartikeln gefüllt ist, die wir kaufen und schnell ersetzen, weil sie so billig sind, ist der andere Teil des Kleiderschranks derjenige, der von unseren Sehnsüchten und Hoffnungen kündet. Immer dann, wenn wir auf der Suche nach einem Kleidungsstück für einen wichtigen Termin, ein Date oder einen schönen Anlass sind und unsere beste Seite zeigen wollen, immer dann, wenn wir etwas kaufen wollen, um dazuzugehören, um dem Anlass entsprechend auszusehen, immer dann, wenn wir andere bezaubern, überzeugen oder uns gewogen machen wollen und uns dafür besonders sorgfältig einkleiden, dann stecken die Sehnsüchte nach einer besseren Ausgabe unserer selbst eingewoben in diesem Kleidungsstück.

Aber kann das überhaupt funktionieren? Kann ein Kleidungsstück uns wirklich zu einem anderen Menschen machen? Wie soll es das können, wenn diejenigen, die es für uns entwerfen und nähen, uns noch nicht einmal kennen?

Shopping als Lifestyle

Oft ist es nicht einmal ein konkreter Wunsch oder ein bestimmter Anlass, der uns in die Läden treibt. Oft geht es um den Akt des Kaufs an sich. Wir sind daran gewöhnt, Shopping als Lifestyle zu sehen. Shopping ist rauskommen, Menschen treffen, etwas erleben, etwas entdecken, etwas jagen. Shopping ist Spiel, Spaß und Spannung. Davon können wir nicht genug bekommen. Irgendwie müssen wir uns ja auch für die anstrengende Arbeit entschädigen, die wir Tag für Tag leisten – besonders dann, wenn unsere Arbeit eben nicht der Sinn des Lebens ist. Also los, kaufen wir uns etwas Neues. Egal, ob wir so etwas Ähnliches schon haben.

Als wir im Frühjahr 2020 aufgrund der weltweiten Coronakrise alle mehr oder weniger zu Hause blieben, hörten wir auf, derart zu konsumieren. Etwas in uns veränderte sich, als wir die Zeit zu Hause verbrachten. Wir taten etwas Gewohntes nicht mehr und gewöhnten uns daran. Aber das Nicht-Handeln zu bemerken ist viel schwerer als Aktionismus. Doch es war so: Wir haben kollektiv weniger konsumiert. Plötzlich bemerkten wir, wie wenig wir eigentlich brauchen. Wir verließen das Haus nur noch für das Notwendigste. Wir kauften Lebensmittel, weil wir sie zum Leben brauchen. Aber wir bummelten nicht mehr.

Bummeln, Shoppen gehen oder wie immer wir das nennen möchten, ist eine eigenständige Freizeitbeschäftigung, ein Hobby. Es ist ein zielloses Umherschlendern. Der Genuss entsteht beim Tun und hinterher tragen wir Dinge in der Einkaufstasche nach Hause, die wir möglicherweise gar nicht brauchen. Die Befriedigung des Bummelns entsteht nicht nur durch das materielle Ding, das wir anschließend besitzen. Vielleicht auch, aber das damit verbundene Glück hält nicht lange, weil das Bummeln an sich so schön ist. Die wahre Befriedigung entsteht darin, draußen in der Welt zu sein, eins mit der Welt zu werden, in der Dinge erworben werden, auch wenn frau vorher noch gar keine Idee davon hatte, dass genau dieses Ding in ihrem Leben fehlen könnte. Das schwedische Möbelhaus IKEA hat diese Idee meisterhaft umgesetzt – wer wundert sich nicht über den langen Kassenzettel, obwohl wir eigentlich nur ein paar Teelichter brauchten. Wir verschmelzen beim Bummeln mit der Welt. Das hilft im Moment gegen Einsamkeit und innere Leere. Doch es kann diese Leere nicht dauerhaft füllen, weil es eben nicht um die Einkäufe an sich geht, sondern um das Prozedere des Kaufens. Aber auch das Bestellen im Internet wurde in der Pandemiezeit oft weniger. Bei mir stoppte es, als mir eine Freundin erklärte, dass es ihr schon reichen würde, Online-Warenkörbe zu befüllen. Nach einer Nacht des Darüber-Schlafens hatte sie die gefüllten Warenkörbe entweder vergessen oder sie bemerkte, dass das Bedürfnis nach diesen Dingen doch viel kleiner war als am Vortag.

Das probierte ich aus und siehe da, es funktionierte. Ich befüllte Warenkörbe, ohne die Bestellung auszulösen und sparte eine Menge Geld. Meine Freundin hatte das „Online-Bummeln“ entdeckt. Es reicht das Gefühl, sich in der Welt zu bewegen, Dinge auch virtuell in die Hand zu nehmen, die Produktbeschreibung zu lesen, sich zu überlegen, wieviel Meter von diesem Stoff oder wie viele Einheiten von etwas anderem gut wäre. In diesem Moment der Beschäftigung mit dem Produkt, das in unseren Besitz übergehen könnte, wenn wir Geld dafür auf den Tisch legen, verbinden wir uns bereits mit dem Produkt. Die Gedanken, die wir uns dazu machen, machen es zu einem Teil von uns. Nur wenn es wirklich Teil unseres Lebens werden soll, dann lohnt es sich, den Kauf zu vollziehen. Oft reicht die kurzfristige Begegnung, auch wenn sie nur online stattfindet. Dann hüpfen wir am nächsten Tag zur nächsten Blume, die uns verführen möchte. Spätestens wenn wir beginnen, darüber nachzudenken, dass Paketbot*innen auch kein leichtes Leben haben oder wir überlegen, ob wir auch noch übermorgen ein Einkommen aus bezahlter Arbeit haben, verabschieden wir uns von dem virtuellen Produkt in unserer Hand und nehmen den zuckenden Finger vom Bestellbutton, warten auf morgen und vergessen möglicherweise unseren Konsumwunsch über Nacht.

Kein Wunder, dass eine Lockerung der Pandemie-Einschränkungen zunächst nicht den gewünschten wirtschaftlichen Erfolg brachte. Mich überraschte es überhaupt nicht, dass die Konsumneigung der Gesellschaft unmittelbar nach der Aufhebung der Beschränkungen des ersten „Lockdowns“ nicht sprunghaft anstieg – wir hatten das Bummeln verlernt und dafür erfahren, wie wenig wir eigentlich brauchen. Wie schön wäre es, wenn ganz viele Menschen daraus eine Erkenntnis gewännen: Wir brauchen diesen ganzen Shopping-Wahnsinn eigentlich gar nicht. Wenn es darum geht, ein neuer Mensch durch ein neues Outfit zu werden, wäre es da nicht viel sinnvoller, dieses neue Outfit selbst zu kreieren, statt es denjenigen zu überlassen, die sowieso nur selten etwas Passendes für uns hinbekommen?

Lassen Sie uns etwas Neues versuchen

Nach dem zweiten und dritten Lockdown der Corona-Pandemie war dann doch alles wieder beim Alten. Zu groß war die Sehnsucht, wieder das Leben von „früher“ zu leben. Ein Blick in die Einkaufszentren und Einkaufsstraßen lässt mich im Herbst 2021 glauben, dass die Pandemie vorbei ist. Es wird wieder geshoppt, was das Zeug hält, denn das kennen wir und vielleicht ist es auch genau das, wonach wir uns gesehnt haben: Rauskommen und etwas erleben.

Doch sofort sind wir wieder beim alten Problem: So richtig toll ist das, was wir nun wieder shoppen können, doch nicht. Kein Angebotspreis, den es nun allerorts gibt, weil die Lager während der Pandemie voller und voller wurden, kann das übertünchen. Es ist ja nach wie vor die gleiche industriell gefertigte Kleidung, die uns angeboten wird. Es hat sich nichts geändert. Die Lager sind voller Kleidung, die uns nicht passt. Aber vielleicht haben wir uns verändert?

Kleidung wird immer dann zur Problemzone, wenn wir durch sie vermittelt bekommen, nicht richtig zu sein. Das passiert nicht nur dann, wenn Kleidung nicht richtig passt, also unser Körper nicht in die vorfertigte Kleidung hineinpasst, sondern auch dann, wenn Kleidung nicht zu uns und unserem Leben passt. Während „passen" im ersten Sinn noch einfach zu erkennen ist, ist „passt zu mir" schon viel schwerer zu ermitteln – vor allem dann, wenn frau nicht einfach so in ein Geschäft gehen kann und dort eine riesige Auswahl findet.

Die Antwort des Kapitalismus darauf, uns nicht das Richtige anbieten zu können, ist ein simples „Kauf' mehr". Nüchtern darüber nachgedacht ist diese Antwort totaler Unsinn. Mittlerweile wissen wir ja, dass es ein Glücksfall ist, etwas Passendes in Geschäften voller Massenkonfektion zu finden, und dass dieser Glücksfall immer unwahrscheinlicher wird, je älter oder dicker wir werden. Wir wissen auch, dass es bestimmte Schnittformen, die uns vielleicht besonders gut stehen, gerade nicht gibt, weil sie nicht in Mode oder weil sie aufwendig zu produzieren sind. Und trotzdem fallen wir auf den simplen, unsinnigen Lösungsvorschlag „Kauf' mehr" immer wieder herein.

Er funktioniert insofern perfekt, weil uns der Kapitalismus einfach den Ball zurückspielt, wenn wir uns beschweren, dass etwas nicht passt. Selbst schuld, hättest du mal deinen Körper besser im Griff – da solltest du vielleicht ein paar Selbstoptimierungsmaßnahmen ergreifen oder noch einmal losziehen und schauen, was die nächsten drei Läden zu bieten haben. Da ist bestimmt das Richtige dabei. Kauf mehr! Und wie die Lemminge ziehen Horden von Frauen immer wieder los, in der Hoffnung, beim nächsten Shoppingbummel nun aber wirklich das Richtige zu finden. Dabei sollte uns klar werden, dass es oft genug nicht das gibt, was wir wollen. Zudem bedarf es eines immensen Aufwands, ständig nach dem Richtigen auf der Suche zu sein. Die Kosten, die uns dadurch entstehen, sind höher als der Preis auf dem Etikett des Kleidungsstücks. Wenn wir den Weg, den Frust, die Enttäuschung und die Scham, sich nicht richtig zu fühlen, dazu rechnen, dann wird so ein gekauftes Kleidungsstück auf einmal sehr teuer.

Wenn wir keine textilen Analphabet*innen sind, sondern wissen, wie Kleidung industriell hergestellt wird, dann können wir aussteigen. Es ist ein Irrsinn, immer wieder dasselbe zu tun und ein anderes Ergebnis zu erwarten, obwohl wir wissen, dass die Wahrscheinlichkeit, etwas Passendes zu finden, einem Lottogewinn gleicht und wir gleichzeitig unsere Umwelt und unser Klima zerstören. Es kann nicht im Interesse der Menschheit sein, immer so weiter zu machen. Doch wer wird dieses ständige Streben nach Mehr aufhalten? Ich glaube, wir müssen es selbst tun. Jede Einzelne von uns muss aus dem System aussteigen und wir müssen uns zusammentun, um sichtbarer zu werden, damit immer mehr Frauen „Stopp“ zum textilen Wahnsinn unserer Welt sagen.

III. DIY

Die Revolution findet an der Nähmaschine statt.

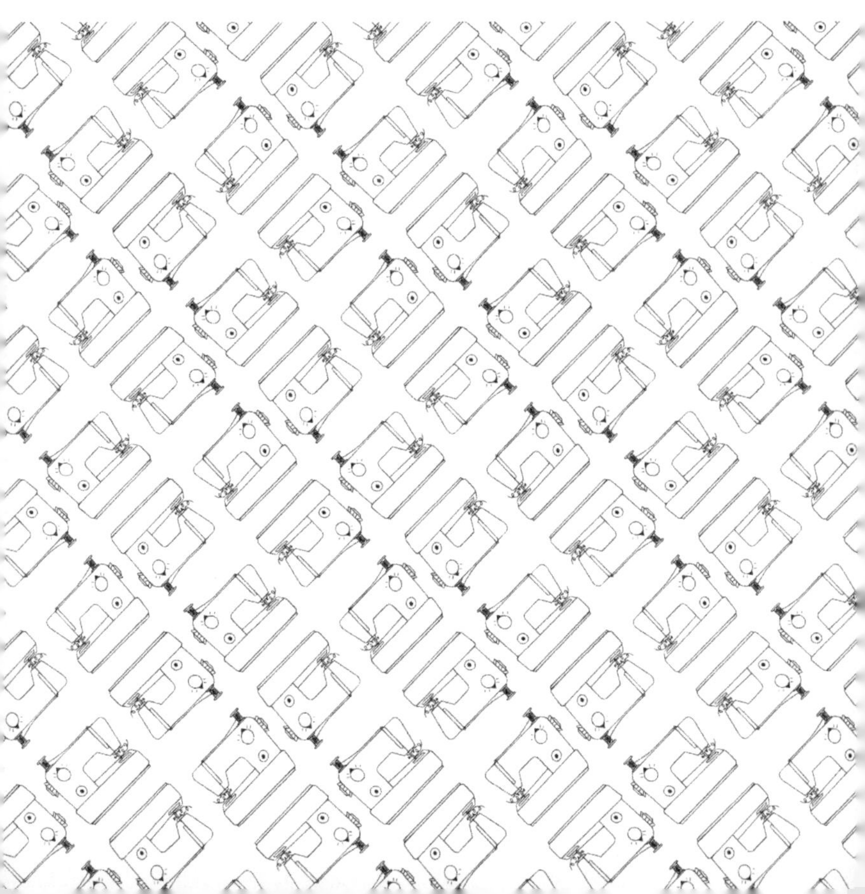

Wut

Ich bin wütend! Alles, was ich auf den vorangegangenen Seiten schrieb, wusste ich schon seit Langem. Es fing so harmlos an, dass ich mir Gedanken über Körper und Kleidung machte – doch schwarz auf weiß, und dann in dieser Summe, ist es doch noch einmal schwerer zu verdauen. Mir war schon lange klar, dass dieses Bohei, das um unsere Körper gemacht wird, vielen dient, nur nicht uns. Ich hatte schon länger verstanden, dass nicht das Dicksein mich krank macht, sondern der Umgang damit. Ich weiß genug über Kleidung, um zu wissen, dass es absolut logisch ist, wenn mir Kleidung von der Stange nicht passt und dass es wirklich unnötig ist, mich dafür zu schämen, weil es schlichtweg nicht an mir liegt. Ich hatte schon so oft gehört, wie schlecht die globale Massenproduktion unserer Kleidung für unseren Planeten ist. Aber das alles in Zusammenhang zu setzen, haut doppelt und dreifach rein.

In Summe lässt es mich verzweifeln und zeigt mir, wie viel ich bisher unter den sprichwörtlichen Teppich gekehrt habe, indem ich mich mit meinen angeblichen Defiziten beschäftigte, anstatt das System als Ganzes infrage zu stellen. Es ist ja nicht so, dass einzelne Menschen oder Unternehmen uns etwas Böses wollen. Wir haben nicht einen Gegner, den wir bekämpfen müssen, um uns gut zu fühlen. Wir haben auch nicht eine Handvoll von Gegnern, was ein bisschen schwieriger, aber vermutlich lösbar wäre, wenn wir uns zusammentun würden. Nein, es sind

diese Verflechtungen, die uns daran hindern, überhaupt auszumachen, wogegen wir kämpfen könnten.
Klar ist es mir möglich, zu benennen, was uns das Leben schwer macht: das Patriarchat und der Kapitalismus. Aber das sind Systeme, die Strukturen entwickelt haben, um ihren Erhalt zu sichern und keine Gegner. Gegen Strukturen ist es viel mühsamer zu kämpfen, denn Strukturen haben verdammt viel Beharrungsvermögen. Alles in ihnen ist darauf ausgerichtet, das Gleichgewicht zu halten und die bestehenden Zustände zu sichern – nicht zuletzt von den Profiteuren des Systems. Doch die Profiteure verstecken sich hinter den Strukturen und so bleibt uns nichts anderes übrig, als uns gegen das System aufzulehnen und damit automatisch gegen eine Übermacht von Gegnern zu kämpfen, statt einen nach dem anderen anzugehen.

Sobald wir als Einzelne gegen das System vorgehen wollen, wird es schwierig. Was wir auch tun und denken, prallt an ihm ab. Der Ball wird zurück zu uns ins Feld gespielt, indem man uns glauben lässt, die persönlichen Zustände seien veränderbar. Die Leistungsgesellschaft sagt „du strengst dich nur nicht genug an" und das Patriarchat fügt hinzu „heutzutage können Frauen doch alles erreichen". Allerdings wird uns verschwiegen, dass Ersteres ein Irrtum ist und in unserer Gesellschaft nur diejenigen belohnt werden, die ohnehin schon an machtvollen Positionen sitzen (weil sie zum Beispiel ihr Vermögen ererbt statt erarbeitet haben oder in das richtige Geschlecht hineingeboren wurden).

Außerdem steht Gleichwertigkeit zwar im Grundgesetz, aber patriarchale Gedanken sind noch so tief verwurzelt, dass sich auf Gruppenbildern von Mächtigen die Personen nur darin unterscheiden, dass einige Männer eine Brille tragen und andere nicht.

Die Themen in den vorangegangenen Kapiteln könnte ich um unzählige Beispiele und Themenfelder aus anderen Lebensbereichen ergänzen, die zeigen, dass Frauen und andere marginalisierte Gruppen eben nicht alles erreichen können und eben nicht gleichwertig sind. Aber ehrlich gesagt reicht mir das bisher Geschriebene. Ich brauche keine weiteren Themen anzuführen, die Feministinnen seit Generationen beackern wie zum Beispiel den jahrzehntelangen Kampf für das Recht auf Schwangerschaftsabbrüche, um zu verdeutlichen, dass die Betroffenen eben nicht diejenigen sind, die etwas zu entscheiden haben. Es braucht nicht noch mehr Beispiele für die Verflechtung von Kapitalismus und Patriarchat, um klar zu machen, dass es sich um ein System mit Gewinner*innen und Verlierer*innen handelt, das den Opfern auch noch Scham und Schuld aufbürdet. Von Problemzonen zu sprechen ist so verdammt perfide, als könnten wir das, was uns klein hält, mit einer Creme wegzaubern.

Die Zeit ist reif, diese Wut rauszulassen, statt stillschweigend so weiterzumachen. Was habe ich alles in diesen vielen Lebensjahren verpasst, in denen ich meine Problemzonen optimierte, statt sie abzuschaffen. Doch die Zusammenhänge sind jetzt klar, ich habe das System verstanden und die Wut gibt mir die Kraft, weiterzudenken und weiterzuschreiben. Bedauern, Scham und Enttäuschung machten mich schwach. Ich will kein Opfer sein. Schluss damit! Ich will Subjekt meines Lebens sein und dazu brauche ich zunächst diese Wut, um mich von den Problemzonen zu befreien.

Das war nicht immer so. Die Wut gehört erst seit kurzer Zeit zu meinem Leben. Vorher ging ich den konventionellen Weg – ich versuchte nicht, das System zu verändern, sondern mich. Ich suchte nicht nach Erklärungen, sondern tat das, was von mir erwartet wurde. Ich passte mich an. Weil ich davon ausging, selbst schuld zu sein, kam ich gar nicht auf die Idee, nach strukturellen Ursachen zu suchen oder wütend zu werden. Ich war so sehr damit bemüht, alles gut und richtig zu machen, dass ich weder links noch rechts schaute, ob es anderen vielleicht ebenso wie mir ergeht. Das Vergleichen hielt mich ab, nach Verbündeten zu suchen. Vor lauter Selbstoptimierung bemerkte ich nicht, wie wütend ich hätte werden müssen.

Ich hatte mich wirklich bemüht! Wir alle bemühen uns, ständig! Ich kann mich noch an unzählige Situationen in Umkleidekabinen erinnern, in denen ich wirklich Geld ausgeben wollte. Ich wollte konsumieren und zu einer besseren Version meiner selbst werden. Ich war immer wieder losgezogen, voller Hoffnung, dass dieses Mal etwas für mich dabei ist, dass ich einen Schatz nach Hause trage, dass ich endlich dieses perfekte Kleidungsstück finde, das mich zu derjenigen macht, der das Glück im Leben zusteht. Aber immer wieder stand ich vor dem Spiegel und wurde wütend auf mich selbst statt auf die Ware, weil ich nicht in die vorgefertigte Kleidung passte. Jedes einzelne dieser unpassenden Kleidungsstücke war unausgesprochener Vorwurf und eine Schuldzuweisung. Jedes verdammte Kleidungsstück, jeder Pickel im brutalen Licht der Umkleidekabine, jedes Härchen zu viel wiesen mich darauf hin, dass ich mein Soll nicht erreicht hatte.

Meine Aufgabe als Frau lautete, ich solle jung, schlank, schön und sexy sein. Der Spiegel in der Umkleidekabine erklärte mir laut und deutlich, dass ich an dieser Aufgabe gescheitert war.

Ich hatte von klein auf gelernt, negative Gefühle persönlich und die Schuld auf mich zu nehmen. Statt wütend zu werden, wurde ich kleinlaut. Wahrscheinlich hatte ich mich einfach nicht genug bemüht. Das nächste Mal würde ich mich mehr anstrengen.

Jahre später, als ich nach und nach die Mythen um die Anforderungen an den weiblichen Körper und das weibliche Sein verstand, fühlte ich immer noch keine Wut. Ich war zermürbt. Letztlich war es leichter, die Schuld auf mich zu nehmen und mich nicht richtig zu fühlen. Mit der Zeit lernte ich, die Hintergründe der angeblichen Problemzonen zu entlarven, die einzelnen Puzzlestücke der Erkenntnis zusammenzusetzen und das große Bild zu durchschauen, doch in mir regte sich keine Kampfeslust. Der Gegner war zu abstrakt. Auf wen sollte ich wütend sein, gegen wen sollte ich kämpfen und überhaupt – ich ganz alleine? Was konnte ich schon dagegen ausrichten?

Lange Zeit habe ich diese Wut nicht gefühlt, die jetzt, nachdem ich die vorherigen Kapitel dieses Buches geschrieben habe, in mir brennt. Ich hatte sie nicht einmal unterdrückt – dazu hätte ich sie überhaupt bemerken müssen! Die Wut war einfach nicht da gewesen und das bestürzt mich im Rückblick sehr. Was war da stattdessen?

Ich erinnere mich, dass ich eine vergleichbare Wut das letzte Mal als Teenager fühlte. Auch wenn ich nicht mehr genau weiß, worum es ging, kann ich mich gut daran erinnern, dass ich vor Wut mit nackten Füßen gegen meinen Fahrradkorb trat und ihn gegen meine neue Gitarre schleuderte. Resultat: Der wertvollste Gegenstand, den ich besaß, hatte fortan ein hässliches Loch im edlen Holz und mein Zeh war gebrochen. Ich war damals so erschrocken über die unbändige Energie dieser starken Gefühle, dass ich anscheinend zu diesem Zeitpunkt beschloss, mich von jetzt an nicht mehr so stark aufzuregen, denn ich hatte Angst vor dieser zerstörerischen Kraft und die Vermutung, dass meine Wut nicht zu dem gehörte, was von mir als Frau erwartet wurde.

Heute weiß ich, dass ich die Wut brauche, um etwas zu verändern. Diese Welt, in der wir leben, gefällt mir nicht. Ich möchte vor allen Dingen, dass wir uns alle gut und richtig fühlen, aber ich möchte genauso alles dafür tun, unsinnigen Selbstoptimierungs-Konsum abzuschaffen, um einen wichtigen Beitrag zu leisten, den Klimawandel zu stoppen. Ich möchte nicht mehr Teil dieses Systems sein, beziehungsweise das System aufrecht erhalten, weil ich brav tue, was von mir verlangt wird. Ich möchte Subjekt meines Lebens sein, statt mich herumkommandieren zu lassen, und ich möchte, dass das für alle Menschen gilt. Diese unbändige Energie, die sich in mir regt, wenn ich mich darüber aufrege, wie nicht nur ich, sondern auch viele andere Menschen zu Opfern und Objekten gemacht werden, brauchte ich, um die nächsten Schritte zu gehen und die nächsten Kapitel zu schreiben.

Die neue Dame hat viele Optionen

Ich fürchte, mit klugen Analysen und intellektuellem Durchdringen der Ursachen kommen wir nicht weiter. Es reicht nicht, zu verstehen, warum so vieles schief läuft, wenn frau sich dabei schlecht fühlt! Die vorangegangenen Kapitel waren Kopfarbeit – um etwas zu verändern, brauchen wir auch den Bauch. Wir brauchen die ganze Energie, die in den Gefühlen steckt, um etwas Neues zu wagen. Im Tun werden wir bemerken, wie sich etwas ändert. Wir werden Kraft und Energie entfalten, um weitere Schritte zu gehen, von denen wir uns jetzt noch nicht ausmalen können, wohin sie uns führen werden.

Doch eines ist klar: Wir machen keine Kompromisse mehr! Wir wollen die Problemzonen nicht verändern oder verbessern, sondern sie abschaffen. Weg damit! Ab jetzt zählen nicht mehr die Ansprüche und Bewertungen von außen – ab sofort sind wir unser eigener Maßstab. Die angeblichen Problemzonen existieren gar nicht. Es bleibt nichts zurück, wenn wir uns von ihnen verabschieden, außer ein wunderbarer freier Raum für etwas Neues.

Zugegeben, es ist nicht leicht, diesen Übergang auszuhalten, wenn wir die vertrauten Wege verlassen, aber noch wenig darüber wissen, wohin der Weg uns führt. Das diffuse Unbehagen, das wir in Bezug auf die Problemzonen fühlten, ist vielleicht weg, aber das Ziel ist noch unklar. Wer wollen wir sein, wenn wir nicht mehr brav die Anforderungen, jung, schlank, schön und sexy zu sein, bedienen wollen? Was bedeutet es heutzutage, eine erwachsene Frau zu sein? Wie fühlt es sich an und welche Konsequenzen hat es, wenn wir uns plötzlich richtig fühlen? Wie wollen wir leben, was wollen wir sein? So viel Neues, so viele Möglichkeiten – das alles kommt nicht von heute auf morgen.

Ich bin 53 Jahre alt, während ich das hier schreibe. Wenn alles gut läuft, habe ich noch ungefähr vierzig Jahre vor mir. In dieser zweiten Lebenshälfte möchte ich das Leben leben, das mir guttut und meinen Beitrag dazu leisten, dass unsere Welt eine bessere wird. Anlass genug zu überlegen, wie das gehen soll.

In früheren Zeiten war das Leben als Frau oder genauer gesagt, als ältere Frau vorbestimmt. Uns blieb nur die Wahl zwischen „weg vom Fenster“ und Dame – entweder verschwanden ältere Frauen in die Unsichtbarkeit und Bedeutungslosigkeit, oder sie waren eben etwas Besonderes, aufgrund ihres Vermögens oder Einflusses. Doch heute stehen die Chancen gut für einen Lebensentwurf, der besser zu uns passt. Es ist nur etwas überfordernd, dass uns plötzlich so viele Optionen offen stehen, nachdem wir die Problemzonen abgeschafft haben.

Kein Wunder, dass so viele Menschen ein Leben lang Selbstoptimierung betreiben, denn das kennen sie schließlich. Sich nie gut genug zu fühlen und alles dafür zu tun, um dazuzugehören, ist zwar nicht optimal, aber immerhin ein vertrauter Zustand. Diese Gefühle auf einmal zurückzuweisen und durch neue Überzeugungen zu ersetzen, braucht Zeit, um zur neuen Normalität zu werden.

Nach der Wut kommt die Unsicherheit. Sie ohne Rückfall auszuhalten, ist nicht leicht. Ich schlage vor, sich deswegen mit etwas anderem zu beschäftigen, das scheinbar banal ist, von dem ich aber überzeugt bin, dass es eine famose Wirkung hat: Nähen Sie Ihre Kleidung selbst.

Internalisierte Misogynie

Den letzten Satz zu schreiben, fiel mir nicht leicht. Da rede ich von großer Wut und großen Plänen, und schlage dann etwas so scheinbar Banales vor wie das Nähen. Ich weiß genau, dass es nicht banal ist, ich bin sicher, dass das, worüber ich auf den nächsten Seiten schreibe, ein gangbarer Weg ist, der viel verändert. Ich weiß, dass es funktioniert und habe genau das bei unzähligen Frauen, die Kleidung für sich selbst nähen, beobachten können. Mein Weg, die Problemzonen abzuschaffen, ist es, zum Subjekt zu werden, indem ich meine Kleidung selbst nähe und mich in gut passender Kleidung genau richtig fühle. Aber etwas in mir schreit: „Das kannst du nicht schreiben!“

Richtig klar wurde mir erst, warum mir der Schluss dieses Buches so schwerfiel, als eine Freundin mir verschämt, aber glücklich, ihre selbstgestrickten Spültücher zeigte. Sie war vom Nutzen ihrer Werke überzeugt, von dem Gefühl beseelt, dass sie sich selbst etwas hatte einfallen lassen und es mit eigenen Händen umgesetzt hatte, aber sie hatte auch das Gefühl, es niemandem erzählen zu können. Die Vorstellung, ihren Businessfreundinnen zu erzählen, dass ihre selbstgestrickten Lappen so viel besser sind als die billigen, gelben Plastikschwämme, die einfach weggeworfen werden (und die anschließend mehrere hundert Jahre bestehen bleiben, bevor das Material irgendwann doch zu Mikroplastik zerfällt), war für sie absurd. Sie hatte zu viel Angst davor, beruflich nicht mehr ernst genommen zu werden, wenn sie von Handarbeiten erzählte. Mir konnte sie es erzählen und stolz zeigen, was sie geschaffen hatte – den Frauen, die weiterhin versuchen, innerhalb des patriarchalen und kapitalistischen Systems Karriere zu machen, verschwieg sie ihr Glück lieber.

Das war der Moment, als ich die internalisierte Misogynie, die Frauen entgegengebrachte Verachtung oder Geringschätzung, verstand, die uns davon abhält, auf etwas stolz zu sein, was wir mit eigenen Händen geschaffen haben. Die Misogynie äußert sich in der vorauseilenden Abwertung der Fähigkeiten, die dem weiblichen Tätigkeitsbereich zugeordnet werden. Vermutlich wären die toughen Geschäftsfrauen wahnsinnig beeindruckt, hätte meine Freundin erzählt, sie habe den Motor ihres Autos repariert oder Möbel getischlert – obwohl Selbermachen und Selbermachen das Gleiche ist. Aber offenbar ist es doch nicht von gleichem Wert, ein Ergebnis mit eigenen Händen zu erarbeiten, wenn es sich um eine Tätigkeit von Frauen handelt – von den Müttern gelernt und von Generationen von Frauen praktiziert.

Nirgendwo ist festgelegt, dass Stricken oder Nähen weniger wert ist als schwere körperliche Arbeit, zum Beispiel beim Schweißen oder Sägen. Doch zu diesen der männlichen Sphäre zugeschriebenen Tätigkeiten braucht es schwere, professionelle oder auch gefährliche Werkzeuge und ordentlich Kraft. Handarbeiten dagegen erscheinen banal. Beim Handarbeiten verarbeiten wir weiche Materialien mit kleinen Werkzeugen. Schere und Nadel sind in jedem Haushalt vorhanden – für sie braucht es keine Ausbildung oder Schutzausrüstung. Wir haben verinnerlicht, dass es sich beim Handwerken um eine ganz außerordentliche Tat handelt, während Handarbeiten mit Nadel und Faden irgendwie unspektakulär sind, weil sie so vielen leicht und selbstverständlich von der Hand gehen. Aber auch wenn wir programmieren können oder eine Wand fliesen, würden wir vermutlich anders darüber reden, als über das, was uns ohnehin zugetraut wird. Ja, die Mütze habe ich selbst gestrickt – ist doch normal.

Im Gespräch mit meiner Freundin verstand ich, was mich so lange davon abgehalten hatte, das Buch zu vollenden, das im Kopf schon seit Jahren fertig war. Selbst ich nahm nicht ernst, was mir Spaß machte, was mein Leben veränderte, nur weil es eine Tätigkeit ist, die hauptsächlich von Frauen ausgeübt wird: das Nähen!

Vor Jahren schon habe ich das Nähen zum Beruf gemacht: Ich unterrichte, wie gut passende Kleidung genäht werden kann und habe dazu auch mehrere Bücher veröffentlicht. Und dennoch bemerkte ich an mir, wie ich immer ein wenig verlegen wurde, wenn ich darüber berichtete. Wie gerne wäre ich Herzchirurgin, dann würden alle sofort verstehen, dass ich etwas wahnsinnig Wichtiges mache. Doch erst durch das Gespräch über selbstgestrickte Putzlappen verstand ich, dass ich mich selbst mit diesen Gedanken kleinmachte.

Dabei hatte ich in den vergangenen Jahren verstanden, was mein Leben verändert hatte und beobachtet, dass ich mit dem, was ich tue, anderen Frauen helfen kann. Viele meiner Kundinnen hatten die gleichen Gedanken, Befürchtungen und Strategien wie ich, sich selbst vom Leben abzuhalten. Ich sah, wie auch sie sich veränderten, als sie endlich gut passende Kleidung trugen und trotzdem fehlte es mir an Selbstbewusstsein, selbstgenähte Kleidung als Problemlösung zu benennen. Es ist das eine, in einer Nische Frauen dabei zu unterstützen, sich selbst gut passende Kleidung zu nähen, und ein anderes, schwarz auf weiß zu behaupten, dass das Nähen und Tragen der eigenen Kleidung eine Strategie sein kann, um Kapitalismus und Patriarchat ins Wanken zu bringen. Erst als ich verstand, dass ich nicht denselben Fehler machen durfte, indem ich weiblich konnotierte Tätigkeiten in vorauseilendem Gehorsam abwertete, war ich so weit zu benennen, was ich zu bieten hatte: Die Abschaffung der Problemzonen mit einer effektiven Methode, die nebenher auch noch Spaß macht – mit dem Nähen der eigenen Bekleidung.

Tragen, was passt

Sich selbst Kleidung zu nähen ist der Wunsch, etwas Besseres zu bekommen, als das, was uns in den Läden angeboten wird. Es ist eine scheinbar „kleine" Lösung, eine individuelle, alltagspraktische Lösung für ein großes strukturelles Problem – aber eine Lösung, die ein erster Anstoß für weitere Veränderungen sein kann.

Industrielle Produktion von Kleidung hat unbestritten große Vorteile: Es geht schneller und Kleidung wird billiger, so haben viel mehr Menschen Zugang zu neuer Kleidung. Aber ich suche, wie Sie sicherlich auch, nicht mehr nur etwas Wärmendes oder Schmückendes, sondern ich möchte etwas mehr Qualität und Wertschätzung, die industriell gefertigte Kleidung nicht liefern kann. Und ich will mit meiner Kleidung alle Optionen des Lebens umsetzen können. Ich möchte zum Beispiel auch Kleidung tragen, wie sie die Bekleidungsindustrie nicht für dicke Frauen vorgesehen hat. Haben Sie schon einmal versucht, ein Businessoutfit, das Sie souverän und kompetent aussehen lässt, in Größe 56 zu kaufen oder Sportklamotten in einer großen Größe? Falls nein, dann verrate ich Ihnen die Antwort: Das gibt es nicht. Aber nur, weil beides nicht in den Läden hängt, heißt das noch lange nicht, dass das Leben als erfolgreiche Geschäftsfrau oder Sport nichts für dicke Frauen sind. Das nicht vorhandene Angebot weist uns in Schranken. Nichts anzuziehen zu haben, macht uns Teilhabe an ganz normalen Lebenssituationen unmöglich. Wenn wir alle genau das Leben leben wollen, für das wir uns entschieden haben, dann brauchen wir dazu etwas Passendes zum Anziehen.

Deswegen habe ich Schluss gemacht mit den Beschränkungen des Angebots an Kaufkleidung und nähe meine Kleidung selbst. Ich möchte nicht irgendetwas anziehen, sondern etwas, das wirklich für mich und das Leben, das ich leben will, gemacht ist. Ich möchte keine Kompromisse mehr. Das ist der Punkt: Ich bin es leid, in Umkleidekabinen eine Verantwortung auf mich zu nehmen, die nicht in meinen Verantwortungsbereich fällt. Für Kleider, die nicht zu meinen Maßen und nicht zu mir passen, für die prekären Produktionsbedingungen und die Umweltzerstörung bei der Herstellung. Schluss damit!

Solange wir die Verantwortung auf uns nehmen, verändert sich gar nichts. Ich bin es leid, mir auch noch sagen zu lassen, Verbraucher*innen seien nicht bereit, mehr für hochwertige Kleidung zu zahlen und sich mit dieser Begründung gegenseitig preislich zu unterbieten. Es ist doch klar, dass Menschen sich für das zunächst eher vorteilhaftere Angebot, zum Beispiel das günstigere Shirt entscheiden. Wir sind es gewohnt, uns über

Schnäppchen zu freuen, denn auch hier siegt das gute Gefühl durch Vergleichen. Deswegen wird sich nichts ändern, solange die Schuld beim Individuum gesucht wird. Große Veränderungen müssen gesellschaftlich und politisch gewollt sein. Wir brauchen gemeinsam ein verändertes Wertesystem und am Anfang sicherlich auch Regeln statt freiwilliger Selbstkontrolle. Aber vor allen Dingen brauchen wir das Bewusstsein, dass es so, wie es zurzeit läuft, schlecht für uns ist.

Genau das ist die Magie von selbstgenähter Kleidung. Wir wechseln die Perspektive. Wir definieren selbst, was wir haben wollen und schaffen es mit eigenen Händen. Das damit verbundene Gefühl der Selbstermächtigung stärkt unser Selbstbewusstsein und eröffnet einen großen Raum an Möglichkeiten. Wir nehmen nichts mehr als gegeben hin, sondern überlegen, was wirklich zu uns passt. Wir können das Material wählen und wie das Kleidungsstück aussehen soll. Denken Sie an Taschen! Männerkleidung hat große, praktische Taschen – bei Frauen passt in eine Hosentasche weder eine Hand noch ein Portemonnaie! Alle Frauen, die ich kenne, wollen aber richtige Taschen mit Platz und alle, die Röcke, Kleider und Hosen selbst nähen, nähen selbstverständlich Taschen in ihre Kleidungsstücke, die groß genug sind, dass sie auch benutzt werden können, selbst wenn die Taschen möglicherweise „auftragen".

Das ist nur ein Beispiel, aber es macht wieder einmal deutlich, wie sehr „gut aussehen" die vorherrschende Anforderung an Frauen ist und wie sich diese Anforderung auf Frauenkleidung auswirkt. Doch Schönheit ist nicht unsere Aufgabe und ganz oft brauchen wir eben eine Tasche, um den Haustürschlüssel oder das Telefon oder was auch immer mitzunehmen – ohne deswegen eine Handtasche mitzuführen, bei der wir die Hände nicht frei haben.

Wenn wir selbst nähen, dann nähen wir maßgeschneiderte, praktische Kleidung, die zu unserem Leben passt und die wir schön finden. Wir brauchen den Bauch nicht mehr einzuziehen und wir müssen nicht an der Kleidung zuppeln, damit sie einigermaßen sitzt. Stellen Sie sich vor, was Sie alles erledigen und erreichen können, wenn Ihre Kleidung bequem ist, alle Bewegungen mitmacht und Sie darin kompetent und einfach toll aussehen. Das vermittelt eine wichtige Botschaft: Ich bin genau richtig, so wie ich bin – kein Grund zu zweifeln.

Warum „ich bin okay" ein revolutionärer Gedanke ist

Doch zu denken „ich bin okay, so wie ich bin", ist revolutionär. Es ist ein Gedanke, der alles auf den Kopf stellt, was wir unser Leben lang von allen Autoritäten und unserem sozialen Umfeld gelernt haben. Unsere Erziehung, unser ganzes Leben beruhte bisher darauf, eine bessere Variante unserer selbst zu werden. Diese Vollbremsung und dieser Richtungswechsel, den die Überzeugung „ich bin okay" auslöst, stellt unser ganzes Glaubenssystem auf den Kopf. Deswegen ist es so schwer, „ich bin okay, so wie ich bin" zu denken und danach zu leben. Die Idee ist gut, doch die Umsetzung schwierig.

Das Tückische an dem Gedanken, sich selbst bedingungslos zu akzeptieren, ist nämlich, dass er nur funktioniert, wenn wir hundertprozentig daran glauben. Mich selbst schön zu finden, hat bei mir nicht funktioniert, indem ich es mir nur vorgenommen habe. Natürlich war es wichtig und hilfreich zu verstehen, woher mein Urteil kam und was mich beeinflusste. Aber es reicht nicht, wenn das Gehirn etwas verstanden hat. Wir müssen es auch fühlen. Viele Lebenshilferatgeber nutzen Affirmationen, regelmäßige Wiederholungen, damit sich eine neue Überzeugung verfestigt, da wird alles immer wieder aufgeschrieben, gesagt, gebetet oder auch auf kleine gelbe Klebezettel geschrieben und überall in die Wohnung und an jeden Spiegel geklebt. Aber ganz ehrlich – nur, weil etwas auf einem kleinen gelben Klebezettel steht, ist es noch lange nicht wahr genug, um daran zu glauben.

Sich selbst gut zu fühlen, ist heutzutage in Mode. Kaum ein Guru kommt ohne diese Botschaft aus. „Denk positiv, akzeptiere dich, wie du bist", das sind Botschaften, die Sie sicherlich schon tausendmal gehört haben. Doch es braucht handfeste Belege, es braucht Gefühle und Erfahrungen, die uns überzeugen, dass auch wir automatisch zu der okayen Welt um uns herum gehören. Genau diese Erfahrungen kann gut passende Kleidung bieten. Am 20. Januar 2012 fühlte ich mich zum ersten Mal wirklich okay, als ich mich im neuen Mantel im Spiegel sah und erlebte genau das immer wieder, bis ich es wirklich glauben und verstehen konnte. Die Kleidung ist gut, ich bin gut – je stimmiger, umso wirkungsvoller. Passende Kleidung führt dazu, dass ich die meiste Zeit gar nicht über meine Kleidung nachdenke. Passende Kleidung lässt mir die Bühne. Je besser die Kleidung passt, je stimmiger sie zu mir passt, um so mehr tritt die Kleidung in den Hintergrund der Aufmerksamkeit und lässt mir Energie und Konzentration für die Dinge, die mir wirklich wichtig sind.

Diese Erfahrung verändert alles! Es ist eine Sache, abstrakt zu verstehen, welche Interessen hinter der Aufrechterhaltung der Problemzonen stecken und es ist eine andere Sache, sich einfach nicht mehr darum zu kümmern, weil diese Themen keine Relevanz mehr für das eigene Leben haben. Zu der intellektuellen Auseinandersetzung mit den Problemzonen kommt die Erfahrung, das Gefühl, das Erleben, wie es sich anfühlt, einfach richtig zu sein. Das ist der Booster für die Veränderung, denn vieles, was dem Kopf schon lange klar ist, verändert erst etwas im Außen, wenn es auch in Bauch und Herz angekommen ist. Um es noch einmal deutlicher zu sagen: Das Tragen von Kleidung, das uns das Gefühl vermittelt, dass alles okay ist, überzeugt uns auf ganz anderen Ebenen, als Erkenntnis es jemals vermag.

Die Veränderung ernähen

Jetzt könnte – zugegebenermaßen zu Recht – der Einwand kommen, dass Selbstgenähtes ja noch nicht automatisch gut passt. Das stimmt. Das Know-How für gut passende Kleidung wird nicht automatisch beim Erwerb einer Nähmaschine mitgeliefert. Ein bisschen Gehirnschmalz, Hintergrundwissen und Erfahrung braucht es schon, um nicht nur Kleidung, sondern auch gut passende Kleidung zu nähen. Aber dafür gibt es ja zum Beispiel auch mich, die Menschen zeigt, wie das geht (eine Liste mit noch mehr Nähprofis und Webseiten, die Ihnen Starthilfe geben können, finden Sie im Anhang). Doch die Voraussetzungen sind viel besser, als sie bei industriell hergestellter Kleidung jemals sein könnten, schlichtweg deswegen, weil wir unseren Körper kennen(lernen) können und damit die wichtigste Voraussetzung haben, mit selbstgenähter Kleidung alle Hügel und Täler unseres Körpers passend einkleiden zu können.

Überlegen Sie sich, was alles möglich wäre, wenn Sie Ihre Kleidung selbst gestalten: Sie können sich alle Kleiderwünsche erfüllen, unabhängig von Moden und dem begrenzten Angebot in den Geschäften. Sie können sich Kleidung in Ihrer Lieblingsfarbe nähen und müssen nicht die Farben nehmen, die zufällig gerade Saison haben. Sie können sich Kleidung nähen, die es in Ihrer Größe nicht gibt und die in den Beratungsrubriken der Frauenzeitschriften als vermeintlich „unvorteilhaft" aussortiert wird: Sie können bodenlange Röcke tragen, auch wenn Sie klein sind, Sie können kurze Röcke tragen, auch wenn Sie dick sind, und wenn Sie sehr groß sind, können Sie sich Longsleeves nähen, deren Ärmel wirklich lang genug sind. Sie können sämtliche Kleidungsstücke mit Taschen versehen, so, wie Sie es brauchen, mit Taschen, die man tatsächlich benutzen kann. Sie können sich die schönsten Stoffe und Materialien aussuchen und Sie können Kleidungsstücke erfinden, die es noch gar nicht gibt: Elegante Jogginganzüge und bequeme Abendkleider (mit Taschen für Tupperdosen für die Reste vom Buffet), den perfekten Fahrradrock oder eine Jacke für Zugreisen, die auch als Decke und Kopfkissen verwendet werden kann.

Sie müssen nicht alles auf einmal selbst nähen. Fangen Sie mit einem Kleidungsstück an, das Sie oft tragen und nur schlecht kaufen können und spezialisieren Sie sich darauf. Wenn Sie zum Beispiel bei der Arbeit Blusen tragen und bei gekauften Blusen immer die Schultern zu breit sind, wenn die Brust hineinpasst, dann suchen Sie sich ein Blusenschnittmuster, lernen Sie, es auf Ihre Maße anzupassen und es zu nähen und perfektionieren Sie Ihre Blusen nach und nach.

Oder lernen Sie, die Kleidung zu reparieren und zu pflegen, die Sie mögen und schon besitzen. Flicken und Stopfen ist in den vergangenen Jahrzehnten vollkommen aus der Mode gekommen, weil es so einfach und billig geworden ist, etwas Neues zu kaufen. Flicken und Stopfen riecht nach Armut, nach mühsamer Hausfrauenfron, nach einer Strafarbeit, der wenig Wertschätzung entgegengebracht wird. Aber ist es nicht an der Zeit, unsere Haltung zu ändern? Bewahren, was schon da ist, statt wegzuwerfen und neue Ressourcen zu verbrauchen, ist in Zeiten der Klimakatastrophe eine Verpflichtung für jeden aufgeklärten Menschen.

Dass wir bei Textilien Neues und Unbenutztes so sehr schätzen und allem anderen vorziehen, ist letztlich nur eine kulturell bedingte Entscheidung. In Bezug auf Architektur ist es ja zum Beispiel gerade das Alte, das Beständige, das Geschichtsträchtige, das uns interessiert, das wir bewahren und besitzen oder bewohnen möchten. Könnten wir nicht anfangen, unsere schon lange gerne getragenen Hosen und Pullover wie den Dielenboden und den Stuck in einer schicken Altbauwohnung oder ein Fachwerkhaus zu betrachten und uns daran zu freuen, was sie schon alles mit uns erlebt haben?

Das Lernen fängt nicht bei null an. Das textile Wissen ist da und Sie können es – auch durch die vielen Informationen im Internet oder in Büchern – in Ihrem eigenen Tempo lernen. Sie werden sehen, mit jedem selbstgenähten, passenden Kleidungsstück werden Sie es immer absurder finden, jemals daran gezweifelt zu haben, okay zu sein und Ihre Selbstoptimierungs-Hausaufgaben nicht gemacht zu haben. Mit der Zeit wird genau dieser Zustand des Nicht-darüber-Nachdenkens normal – das ist der Zeitpunkt, an dem die Problemzonen endgültig abgeschafft sind.

In guter Tradition

Das Wissen, wie Textilien hergestellt werden können, wurde früher von Generation zu Generation insbesondere in weiblicher Genealogie vererbt. Da Textilien im Haushalt hergestellt wurden, war der Herstellungsprozess sichtbar und durch Vormachen und Nachmachen erlernbar. Schade, dass es im Zuge der größeren Verfügbarkeit von Kleidung durch die industrielle Produktionsweise, die gesellschaftliche Arbeitsteilung und die Abwertung von weiblichen Tätigkeiten fast überall auf der Welt einen Bruch in der Kette der Wissensweitergabe gab. Textiles Wissen und die handwerklichen Fähigkeiten, Textilien herzustellen, waren und sind zwar noch Stoff einiger Schullehrpläne, aber nicht jeder Mensch wurde darin unterrichtet und falls doch, hat das leider nicht immer Freude daran vermittelt. Viele Menschen haben nur wenig Bezug zu Handarbeiten und mangels Sichtbarkeit in der Öffentlichkeit und Thematisierung in den Medien auch wenig Bedürfnis danach, dieses Informationsdefizit auszugleichen.

Dabei gab und gibt es immer wieder Zeiten, in denen das Selbermachen in Mode kam. In meiner Schulzeit wurde ziemlich viel gestrickt. Strickzeug und selbstgemachte Kleidung waren im Alltag oft sichtbar. Auch in der Öffentlichkeit wurde gestrickt, zum Beispiel in den Universitäten oder nach dem Einzug der Grünen in die Politik auch in den Landtagen. Doch dann kamen das Stricken und andere Handarbeitstechniken aus der Mode. Selbstgestricktes hatte lange Zeit den Makel, nur halb so gut zu sein wie industriell gefertigte Ware. Ich vermute, weil die verwendeten Garne dünner waren und industriell gestrickte Kleidungsstücke damit edler wirkten oder in beheizten Räumen praktischer waren, aber ich glaube, es lag auch an der abnehmenden Wertschätzung von Selbstgemachtem.

Stricken ist unkompliziert, das notwendige Werkzeug lässt sich jederzeit leicht und vergleichsweise kostengünstig beschaffen. Mit dem Nähen ist das etwas anderes. Seit der Erfindung der Nähmaschine gibt es kein Zurück mehr – das Nähen mit der Hand ist eher etwas für Spezialist*innen und auch nur bei bestimmten Kleidungsdetails üblich. Weil eine neue Nähmaschine aber eine beträchtliche Investition ist (auch schon in früheren Zeiten), wird das Nähen auch nicht spontan aus einer Laune heraus begonnen. Fehlt in Haushalten eine Nähmaschine, weil die vorherige Generation andere Vorlieben hatte, dann erscheint das Nähen der eigenen Kleidung noch abwegiger, als mal eben einen Schal zu stricken.

Doch wie das so ist mit den Moden: Alles kommt irgendwann wieder – auch das Interesse an DIY. Als Selbermachen in den vergangenen Jahren zu DIY – also dem englischsprachigen Do-it-yourself – wurde, fiel das Altbackene davon ab und neues Interesse entstand. In Großbritannien begann es mit dem Punk. Ebenso wie plötzlich Bands entstanden, die Hits aus nur drei Akkorden zimmerten und der Welt vermittelten, dass jede*r in der Lage ist, Musik zu machen, wurde auch das Handarbeiten neu erfunden. „Kauft keine klamotten über 20 mark, am besten überhaupt keine! (bei euch gibt's bestimmt auch eine altkleidersammlung, da gibt's bestimmt was gutes!) gestaltet eure klamotten selbst! habt eigene ideen! macht was IHR wollt, lasst euch nicht herumkommandieren!!" hieß es um 1980 in einem deutschen Punk-Fanzine. Perfektionsansprüche wurden über den Haufen geworfen und DIY wurde politisch.

„Skill Sharing", also das gegenseitige Unterstützen und die Wissensvermittlung, verstand die vom Punk inspirierte „Riot Grrrl"-Bewegung Anfang der 90er als Selbstermächtigung. Sie versah DIY mit einer konsum- und systemkritischen Haltung und deutete das Selbermachen als grundlegendstes Mittel feministischer Selbstorganisation.

Auch Kleidergrößen wurden durch das Selbermachen infrage gestellt: Die US-amerikanischen Aktivistinnen Beth Pickens und

Katie Spencer richteten sich mit ihrer Mode gegen „Sizism", indem sie in ihre Kleidungsstücke anstelle einer Größenangabe den Spruch „Fuck Sizes" einnähten.

Wenn ich lese, was zu den politischen Aspekten des Selbermachens – von der großen Öffentlichkeit aber weitestgehend unentdeckt – veröffentlicht wurde, werde ich ganz aufgeregt, weil ich das alles so spannend finde. Aber so richtig viel getan hat sich seitdem noch nicht. War die Welt noch nicht reif dafür?

In der deutschen Öffentlichkeit wurde in den letzten zwanzig Jahren neben der plötzlichen Coolness von Baumärkten („Yippiejaja-yippie-yippie-yeah"), eigentlich nur das *Yarn Bombing*, die textile Form des Graffiti, mit der Aktivistinnen die Umwelt veränderten und Zeichen setzten, als neue Form des DIY wahrgenommen. Das kann man eben gut fotografieren. Eine Handvoll Aktivistinnen, Feministinnen und Wissenschaftlerinnen veröffentlichte spannende Texte (siehe Anhang), und das Internet machte es vielen Menschen möglich, zu bloggen und sich über Näh- und andere Hobbyblogs zu vernetzen und damit Wissen auch über persönliche Kontakte hinaus gratis zu verbreiten.

Doch ich hatte schnell das Gefühl, dass das aufkommende Interesse am Selbstgemachten im Mainstream eher als ein neues Geschäftsmodell, denn als gesellschaftliche Utopie verstanden wurde. Viel mehr als der schnelle, aber vorübergehende Erfolg *Dawandas*, einer deutschen Verkaufsplattform für selbstgemachte Produkte, Kopie der US-amerikanischen Plattform *Etsy*, ist daraus nicht entstanden. Dawanda bot Frauen die Möglichkeit, mit selbstgemachten Produkten Geld zu verdienen – eine Form der Selbstermächtigung, die leider in manchen Fällen nach hinten losging, weil elementare betriebswirtschaftliche Kenntnisse fehlten und selbstgemachte Produkte damit unter einem immensen Preisverfall litten. Ein paar Jahre später gibt es *Dawanda* und auch viele der damaligen Anbieterinnen aus der DIY-Nischenwirtschaft nicht mehr. Andere überlebten und fertigen weiter alleine oder in kleinen Manufakturen Dinge, die aber die größere industrielle Produktion niemals komplett ersetzen werden.

Die politischen Dimensionen des Selbstgemachten wurden wenig oder nur in Nischen thematisiert und auch die Begeisterung über den Akt des Selbermachens beschränkt sich im deutschen Sprachraum weitgehend auf das jährlich wiederkehrende Backen von Weihnachtsplätzchen. Weder das stylishe Schnittmustermagazin *Cut*, das feministische *Missy Magazin*, noch die diversen Anleitungszeitschriften wie die *Burda*, nach der schon unsere Mütter nähten, oder moderne Nähzeitschriften aus Skandinavien oder den Niederlanden wie *Ottobre* und *Fashion Style* schafften es, eine Begeisterung und ein tieferes Interesse für Handarbeiten in den Mainstream zu bringen. Das deutsche Fernsehen versuchte nur halbherzig eine Adaption der in Großbritannien erfolgreichen Nähsendung *The Great British Sewing Bee*. Der private Fernsehsender verwandelte das Format, das auf englisch textile Leidenschaft und Wertschätzung für ein diverses Menschenbild transportierte, in ein schlichtes Unterhaltungsprogramm, in dem es um Vergleiche und Abwertung statt um Freude, Leidenschaft und Begeisterung ging.

Auf die international bekannte Konferenz für die digitale Gesellschaft *re:publica* schaffte es 2012 auch nur das bereits erwähnte *Yarn Bombing*. Im Jahr darauf wurde ein Vortrag abgelehnt, der schon 2013 ganz ähnliche Ideen enthielt wie dieses Buch und der damals von uns Organisatorinnen des Me-Made-Mittwoch (der damals größten und bekanntesten deutschen Nähblog-Vernetzungsaktion) eingereicht wurde. Wahrscheinlich deshalb, weil im Jahr vorher schon mal so ein „Frauen-Gedöns-Thema“ eine Chance hatte.

Wir reichten die Vortragsidee ein, weil wir die Dimension dessen erkannten, was sich aus der Vernetzung der deutschen Nähblogs, an gemeinsamer Entwicklung von Gedanken, persönlicher Weiterentwicklung und politischer Dimension ergab. Aber dass auch diese soziale Bewegung eine Errungenschaft des Internets ist, hatte für die Organisator*innen der Internetkonferenz anscheinend nicht ausreichend Relevanz.

Doch den Möglichkeiten des Internets ist zu verdanken, dass aus der Tätigkeit, den Erfahrungen und dem Wissen der Einzelnen etwas Größeres entstehen kann. Diese Hoffnung gebe ich noch nicht auf! In Deutschland beschäftigen sich laut einer Studie im Auftrag der *Initiative Handarbeit* drei Viertel aller Frauen ab und zu mit Handarbeiten, davon nähen 36 Prozent, 19 Prozent stricken und 17 Prozent häkeln. Trotzdem haben viele Nähende das Gefühl, im Freundes- und Bekanntenkreis damit allein zu sein. Das Internet gibt uns Sichtbarkeit und schafft Verbindungen zwischen Nordsee und Alpen oder auch rund um den Globus.

Doch leider wurde das selbstermächtigende Bloggen, bei dem Austausch und Vernetzung leicht möglich wurde, durch das einfacher und schneller zu bedienende Social Network Instagram weitgehend verdrängt. Während es auf der einen Seite großartig ist, dass heute jede*r einfach mit Hilfe von Smartphones Bilder machen und veröffentlichen kann, finde ich es auf der anderen Seite schade, dass das schnelllebige Social-Media-Angebot die tiefsinnigeren Blogs abgelöst hat, bei denen es auch möglich ist, nach Monaten und Jahren Beiträge wiederzufinden.

Die kurzlebige Welt von Instagram erfüllt die stetige Sehnsucht nach Anerkennung, hat aber auch die Nebenwirkung, dass sich insbesondere junge Frauen unter Druck gesetzt fühlen, den scheinbar einfach zu erreichenden Idealen, die dort gezeigt werden, nachzueifern. Die intuitiv-simple Nutzung und die Möglichkeit, alles, was gerade in ist, mal eben so zwischendurch auf dem Smartphone zu checken, macht Menschen sowohl zu Produzent*innen als auch zu Konsument*innen und erleichterte das Sichtbarmachen von Selbstgemachtem. Gleichzeitig geht aber die Metaebene verloren, die durch den Austausch der damit verbundenen Gedanken von Blog zu Blog entstand. Doch gerade diesen Austausch braucht es neben der reinen Wissensvermittlung, um das Selbermachen wieder attraktiv und selbstverständlich werden zu lassen, um Interessierten und Anfänger*innen die Hand zu reichen und den Einstieg in das Bekleidungsnähen zu erleichtern. Privates Bloggen ist aufwendig und kostet Zeit – Zeit, die wir gerne für das Nähen nutzen würden. Vielleicht ist es an der Zeit, dass sich die (Medien-)Profis noch einmal der DIY-Themen annehmen, um sie für einen größeren Teil der Menschheit zu etwas Interessantem, aber auch ganz Selbstverständlichem zu machen.

Nähen ist das neue Kochen

Gehören Sie zu den Menschen, für die sich der Gedanke merkwürdig anfühlt, die eigene Kleidung selbst zu machen? Das kann gut sein. Wir sind es heutzutage einfach nicht mehr gewöhnt, für uns in dieser Hinsicht zu sorgen. Aber denken Sie zum Beispiel an das Kochen, bei dem es sich ähnlich verhält wie mit dem Selbermachen der eigenen Kleidung. Für alle, die in den letzten Jahren nur in Kantinen oder Restaurants gegessen oder Fertigmahlzeiten warmgemacht haben, ist kochen entweder ein Buch mit sieben Siegeln oder eine lästige Pflicht, für die das Leben keine Zeit lässt. Unsere gesellschaftliche Arbeitsteilung hat uns von diesen Tätigkeiten entfremdet: Wir nutzen unsere Zeit und Kraft dafür, etwas für ein Gehalt zu tun, um es gleich wieder in Produkte zu investieren, die wir zur Lebenserhaltung und Erholung brauchen und das erscheint uns völlig normal, denn wir haben verinnerlicht, dass es die unterschiedlichsten Berufe gibt und jede*r für etwas anderes zuständig ist.

Aber schließlich können wir nicht alles kaufen oder delegieren. Die wenigsten Menschen können es sich leisten, nur noch im Restaurant zu essen oder jemanden für den Haushalt oder die Erziehung der Kinder einzustellen. Das Lebensmodell, das diese gesellschaftliche Arbeitsteilung vorgibt, beruht auf einer männlichen Sichtweise des Lebens. Arbeit ist etwas, das außer Haus verrichtet wird – der Rest kommt von alleine. Oder anders gesagt: Hinter jedem erfolgreichen Mann steht eine Frau, die ihm die Wäsche wäscht.

Vermutlich machen Sie, liebe Leserin, viel mehr selbst, als Ihnen vielleicht bewusst ist. Auch wenn Sie zum Beispiel nicht kochen, kann ich mir gut vorstellen, dass Sie Ihr Badezimmer selbst sauber machen, den Überblick über alle medizinischen Vorsorge- und Arzttermine aller Familienmitglieder haben oder Verwandte pflegen, wenn sie krank sind.

Noch wird in unserer Gesellschaft nicht alles delegiert und als Fremdleistung eingekauft – aber da wir diese Tätigkeiten, die sogenannte Care-Arbeit, weder wertschätzen noch bezahlen, zählt sie auch nicht, obwohl sie natürlich trotzdem anfällt und noch zu viel zu großem Teil von Frauen erledigt wird. (Auch etwas, was wir unbedingt ändern sollten!)

Zurück zum Kochen. Heute gibt es eine merkwürdige Aufspaltung in das Kochen als lästige, alltägliche Care-Aufgabe, die wir relativ bequem delegieren können, indem wir auswärts essen oder Fertiggerichte aufwärmen. Aber gleichzeitig gibt es einen Kult um das Thema, der die Zubereitung von Nahrung von einer anderen Seite zeigt. Es gibt hochwertige Kochbücher, es gibt unzählige fancy Kochblogs und nicht zuletzt gibt es Männer (und ein paar Frauen), die uns im Fernsehen zeigen, wie kochen geht. Kochen ist chic, kochen ist angesagt. Dabei hat das Kochen, das im Fernsehen gezeigt wird, recht wenig damit zu tun, Tag für Tag die Versorgung einer mehrköpfigen Familie mit einem gesunden und abwechslungsreichen Speiseplan zu planen und umzusetzen. Trotzdem: Kochen ist modern. Kochen wird wertgeschätzt und das ist gut so. Nahrung ist essenziell, wir können nicht ohne sie überleben. Und wie viel besser können wir leben, wenn wir verstehen, welche Nahrung uns besonders guttut.

Wenn ich vom Kochen rede, geht es eigentlich um ein viel größeres Thema, das in den letzten Jahrzehnten groß in Mode war. Immer mehr Menschen begannen sich zu fragen, woher ihr Essen eigentlich kommt, entschieden sich für Bio-Lebensmittel und interessierten sich für die Produktionsweise der Nahrungsmittel. Wie wäre es, wenn das Nähen die gleiche Aufwertung erfahren würde? Neben der Nahrung ist auch Kleidung essenziell für unser Leben. Beides hat etwas mit unserem Körper zu tun, für den wir nur das Beste wollen. Wie wäre es, wenn wir der Kleidung individuell, aber auch gesellschaftlich, die gleiche Aufmerksamkeit zukommen lassen würden wie der Nahrung und dem Kochen? Wie wäre es, wenn immer größere Teile der Gesellschaft sich von „textilen Analphabet*innen“ zu interessierten und aktiven „Textil-Gestalter*innen“ entwickeln würden?

Wir brauchen keine Fernsehshows, in denen uns Männer zeigen, wie wir Bekleidung nähen, damit wir endlich verstehen, wie das geht. Das würde bedeuten, dass wir uns eine Aufwertung durch männliches Interesse erhoffen, weil wir selbst noch in der alten Abwertung der weiblichen Sphäre verhaftet sind. Solange wir Nähen oder Stricken als weibliche Tätigkeiten sehen und weibliche Interessen und Arbeitsfelder abwerten, solange wird es schwierig sein, das eigene Hobby wirklich ernst zu nehmen. Auch wenn zugegebenermaßen Männer, die das Häkeln neu erfanden, indem sie ihm den schicken Namen *MyBoshi* gaben und es damit bekanntmachten, sehr viel für die Akzeptanz von Häkelmützen getan haben – ganz ehrlich, so eine Häkelmütze aus dicker Wolle häkelt eine Omi im Schlaf. Aber die *MyBoshi*-Jungs haben den deutschen Gründerpreis 2014 mit der Begründung „geniale Idee, die eine ganze Branche neu belebt hat" gewonnen – das wäre vermutlich nicht passiert, wenn irgendeine Omi mit ihrer Mütze irgendwo aufgetaucht wäre. Dieser ganze mediale Wirbel, der um die zwei Mützenhäkler vor ein paar Jahren gemacht wurde, ist für mich, als ob ein Fernsehkoch mit großem Tamtam ein Spiegelei braten würde. Aber geschenkt, Hauptsache, Handarbeiten schaffen es mal in die großen Medien. Die beiden Gründer erzählten, dass sie von Anfang an viel Pressearbeit gemacht hätten und ganz selbstbewusst in der Öffentlichkeit häkelten, um ihre Mission überall bekannt zu machen – tja, da können wir uns eine Scheibe von abschneiden, wenn wir wollen, dass das Nähen der eigenen Kleidung sichtbar wird.

Es braucht dazu das nötige Selbstbewusstsein und etwas Durchhaltevermögen. Aber vor allen Dingen brauchen wir eine andere Sichtweise auf das Handarbeiten, und Anleitungen und Informationen rund um Bekleidung müssen überall sichtbar und verfügbar sein, statt nur in den Special-Interest-Nischen von Buchhandlungen. Es ist mehr als ein Hobby! Wir brauchen das Bewusstsein und die Haltung, dass Handarbeiten etwas Wertvolles ist und ein Anfang, um die Welt zu verändern.

Wie wunderbar wäre es, würde Nähen wirklich das neue Kochen werden. Ich stelle es mir großartig vor, wenn es Nähshows im Fernsehen gäbe oder Talkshows zu textilen Themen, in denen ganz unterschiedliche Menschen diskutieren, welche Bekleidung ihnen guttut und wie wir das, worauf wir Lust haben, selbst machen können. Wie schön wäre es, wenn es selbstverständlich werden würde, die Verantwortung für das, was wir tragen, wieder in die eigene Hand zu nehmen und stolz darüber in den Medien zu berichten. Wie sehr würde sich unsere Welt verändern, wenn es immer weniger „textile Analphabet*innen" gäbe!

Doch ich schreibe im Konjunktiv. Ich wäre gerne so selbstbewusst wie Bill Gates, dessen Businessvision es war, dass in jedem Haus, auf jedem Schreibtisch ein Computer stehen sollte. Wieso sollte nicht das Gleiche für Nähmaschinen gelten? Und um bei der Analogie des Kochens zu bleiben: Wohnungen werden schließlich auch nicht ohne die Anschlussmöglichkeit für einen Herd vermietet. Früher gehörten Werkzeuge zur Herstellung und Reparatur von Kleidung ganz selbstverständlich zu einem Haushalt. Es wäre klasse, wenn Nähmaschinen ebenso selbstverständlich zu einer Wohnung gehören würden, wie zum Beispiel der allgegenwärtige Fernseher.

Meine Nähfreundinnen und ich scherzen schon seit Jahren nach dem Motto: „Früher oder später bekommen wir sie alle und irgendwann nähen wir gemeinsam im Olympiastadion". Doch um das zu einer Vision werden zu lassen, an die wir glauben, sollten wir vielleicht nicht auch noch selbst darüber lachen. Mein Motto ist es „öfter mal den Quatsch ernst zu nehmen", deswegen schreibe ich dieses Buch. Tiefgreifende Veränderung entsteht vermutlich nur, wenn die Ziele unerreichbar scheinen und in den Ohren von anderen komplett absurd klingen. Doch je öfter ich „Nähen ist das neue Kochen“ schreibe, umso plausibler finde ich die Idee. Und hey, Fernsehleute – ich hätte Zeit und Lust, etwas mit euch zu machen!

Es wäre großartig, wenn meine Vision wahr werden könnte, weil ich einfach weiß, wie wertvoll die Erfahrung ist, seine eigene Kleidung nähen zu können und die Veränderung an unzähligen Frauen erlebte, denen ich zeigte, wie es geht. Aber ich kenne die Einwände meiner Bekannten und Kolleginnen, die ganz erstaunt auf mein Hobby reagieren und sich mit Händen und Füßen dagegen wehren, es auch einmal zu versuchen.

Noch mehr Einwände

Gibt es jetzt noch etwas, das Sie davon abhält, sofort loszulegen und sich selbst gut passende Kleidung zu nähen? Eigentlich habe ich Ihnen doch schon in den schönsten Farben ausgemalt, wie großartig es sich anfühlt. Doch ich kenne die Einwände. Es wird also Zeit, sich diese Einwände genauer anzusehen und sie ebenso wie die Problemzonen abzuschaffen.

„Keine Zeit“, ist der häufigste Einwand, den ich immer wieder höre. Oder anders formuliert, „woher nimmst du nur die Zeit, dir auch noch deine Kleidung selbst zu nähen?“ Ich finde, das trifft es schon besser, denn ich nehme mir die Zeit. Ich entscheide mich bewusst dafür, hin und wieder einen Teil der 24 Stunden, die mein Tag hat, dazu einzusetzen, mir Kleidung zu nähen. Wir alle haben das gleiche Zeitbudget zur Verfügung – es hängt nur davon ab, wie wir damit haushalten. Es ist unsere Entscheidung, was wir mit dieser Zeit anfangen, sei es der halben Stunde, die zwischen zwei Aufgaben bleibt, sei es der Urlaubswoche oder unserer Lebenszeit. Wir treffen ständig Entscheidungen darüber, wie wir unsere Zeit verbringen – diejenige, die noch nie mit offenen Augen Tagträumen nachhing oder ein Computerspiel spielte, werfe den ersten Stein. Na klar kostet es Zeit, etwas herzustellen und es kostet zusätzliche Zeit, die nötigen Vorkenntnisse dafür zu erwerben. Aber kostet es nicht ebensoviel Zeit, immer wieder durch die Einkaufsstraßen zu ziehen? Wie viel Zeit haben wir schon beim Shopping verplempert – vom Geld und der Zeit im Fitnessstudio ganz zu schweigen.

Zweithäufigster Einwand: „Ich kann das nicht", oder wahlweise, „Handarbeiten konnte ich noch nie". Ehrlich gesagt kann ich das nicht glauben, denn Nähen und Stricken sind keine Raketenwissenschaft. Wie alles Neue erfordert es etwas Übung, etwas Dranbleiben und etwas Zeit, bis vorzeigbare Ergebnisse entstehen. Es erwartet doch auch niemand, dass eine Sprache über Nacht gelernt oder eine Klaviersonate nach der ersten Klavierstunde gespielt wird.

Wieso werfen dann so viele nach einem Mini-Versuch oder bei der bloßen Erinnerung an den ach so schrecklichen Handarbeitsunterricht in der Schule so schnell die Flinte ins Korn? Vermutlich weil Handarbeiten eben kein so tolles Image hat wie das Bierbrauen zuhause oder das Brotbacken. Diesem Irrtum liegt der weiter oben erwähnte Gedanke der internalisierten Abwertung von Tätigkeiten zugrunde, die vorrangig Frauen verrichten. Ich finde, jede*r kann immer mal wieder solche Glaubenssätze überprüfen und auch etwas, das jahrzehntelang unter „ich kann das nicht" abgespeichert wurde, noch einmal versuchen. Wer weiß, was dann passiert!

Immer noch nicht überzeugt, mit dem Nähen zu beginnen? Damit kann ich leben. Manchmal passt es einfach (noch) nicht. Aber das heißt ja nicht, dass Sie dieses Buch nun zur Seite legen oder verbrennen müssen. Selbst wenn Sie keine Kleidung nähen, werden Sie fortan hoffentlich Kleidung mit anderen Augen betrachten und andere Ansprüche an Kleidung stellen.

Vielleicht überlegen Sie sich, ob Sie mit etwas weniger Kleidungsstücken auskommen und sich mit dem gesparten Geld etwas nach Maß schneidern lassen. Vielleicht bekommen Sie einen besseren Blick dafür, welche Art Kleidung Sie stärkt und welche Kleidung nur in den Regalen der Läden liegt, um das Wirtschaftswachstum anzuheizen. Ich bin sicher, irgendwas in Ihnen hat sich in Bezug auf Kleidung verändert, selbst wenn Sie im Moment noch sehr weit davon entfernt sein sollten, sich Kleidung zu nähen. Und wenn Sie so weit sind, dann erinnern Sie sich einfach an mich und an die Tipps zum Einstieg im Anhang dieses Buchs.

Meiner Erfahrung nach ist viel mehr möglich, als ich zunächst dachte, wenn ich mich dafür entscheide, etwas zu wagen und etwas wirklich zu tun. Statt vorschnell aufzugeben, lohnt es sich, dran zu bleiben und eventuell aufkommende Schwierigkeiten zu meistern.

Im Nachhinein macht genau das Erfolgserlebnisse noch viel wertvoller als im Vorfeld gedacht. Wenn wir uns dafür entscheiden, ein ganz bestimmtes Kleidungsstück zu nähen, wenn wir uns vorher und währenddessen immer wieder dafür entscheiden, alles Notwendige zu lernen, auch Angstmachendes auszuprobieren und dran zu bleiben, auch wenn es langweilig oder schwierig wird, dann entstehen daraus wahre Heldinnengeschichten und ein Ergebnis mit Hand und Fuß, das wir nicht nur anziehen können, sondern bei dem wir in jeder Faser spüren, dass wir zu Recht darauf stolz sein können, es selbst geschaffen zu haben.

Genau das macht selbst genähte Kleidung auch zur Superheldinnen-Kleidung: Wir wissen, welche Abenteuer wir auf dem

Weg dorthin bewältigt haben und vor allen Dingen wissen wir, dass wir das verdammt coole Ding mit eigenen Händen gefertigt haben. Das gibt uns Superkräfte, die mit der Zeit auch auf ganz andere Herausforderungen des Lebens wirken.

Mit den eigenen Händen

Für diejenigen, die mit dem Superheldinnen-Bild nicht so viel anfangen können, versuche ich es noch einmal anders zu beschreiben. Die Idee, die vermaledeiten Problemzonen abzuschaffen, geschah aus dem Wunsch heraus, nicht mehr Objekt zu sein, sondern zum Subjekt meines Lebens zu werden. Einfacher gesagt: Statt darüber zu jammern, was mit mir geschieht, möchte ich lieber etwas verändern.

Das Patriarchat macht uns Frauen zum Objekt. Wir sind das Anhängsel des Mannes, im weiteren Sinne sein Besitz. Zum Beispiel durfte noch bis 1977 eine Frau in Westdeutschland nur dann berufstätig sein, wenn das „mit ihren Pflichten in Ehe und Familie vereinbar“ war. Der „Herr der Familie“ konnte also bis dahin seine Zustimmung verweigern oder auch einfach den Arbeitsvertrag seiner Frau kündigen. Das ist alles noch gar nicht so lange her – kein Wunder, dass in den Köpfen noch keine Gleichberechtigung herrscht und jede weitere Errungenschaft nach wie vor hart und jahrelang erkämpft werden muss.

In dem Moment, in dem wir die ganzen Geschichten rund um die angeblichen Problemzonen glauben und viel Zeit damit verbringen, uns selbst zu optimieren, stützen wir dieses System, statt es infrage zu stellen. Wir nehmen die uns zugewiesenen Vorstellungen, wie eine Frau zu sein hat, ernst und haben sie sogar so sehr verinnerlicht, dass wir glauben, das alles aus eigenem Antrieb zu tun.

Dabei sind wir unsere eigenen Schiedsrichterinnen: Wir vergleichen uns mit anderen Frauen, statt darüber zu staunen (und etwas dagegen zu tun), dass eben jene Anforderungen erstaunlicherweise nur für Frauen gelten, während Männer sich von diesen Ansprüchen weitestgehend unbehelligt darum kümmern, ihre Position in der Gesellschaft zu sichern. Unsere schlechten Gefühle bringen uns dazu, Dinge zu tun und vor allem Dinge zu kaufen, die wir gar nicht brauchen. Wir hecheln fremdbestimmt Zielen hinterher, ohne reale Aussicht, diese Ziele jemals zu erreichen. Es wird so lange mit unseren schlechten Gefühlen gespielt, dass uns kaum noch Zeit und Kraft bleibt, um selbstbestimmt auszuwählen, was wir eigentlich wollen.

Das Verständnis dieser Zusammenhänge hilft noch nicht, sich mit einem Lächeln zu verabschieden und dem System Adieu zu sagen. Wir leben schon unser Leben lang in diesem System, wir sind viel zu tief verwurzelt darin. Ein Ausstieg ist selbst dann schwer, wenn wir verstanden haben, wie der Laden läuft. Diese Erkenntnis macht uns schwach. Das macht es anderen wiederum leichter, uns weiter herumzuschubsen.

Damit wir wirklich aus dem System aussteigen können, brauchen wir eine Erfahrung von Stärke und neugewonnener Energie. Statt nur zu verstehen, hilft es uns, zu fühlen. Neue Erfahrungen und neue Gefühle müssen die bisherigen Erfahrungen überschreiben, die unser Bild von uns, unserem Leben und der Gesellschaft, in der wir leben, bestimmen, damit wir sie wirklich glauben können. Wir müssen erleben, dass sich etwas ändert und wir müssen uns in den Augen der anderen merklich verändern, um mit deren Feedback unsere neuen Überzeugungen noch weiter zu festigen. Diese Erfahrung von Stärke und neugewonnener Energie kann uns gut passende Kleidung geben, die (wie) für uns gemacht ist. Die Welt wird anders auf uns reagieren, wenn wir aussehen, wie wir aussehen wollen, wenn wir eine gute Figur in dem machen, was wir tragen, und wenn wir ausstrahlen, dass uns bewusst ist, dass wir genau das mit eigenen Händen geschaffen haben. Genau das ist der Punkt: Die selbstgenähte Kleidung ist die manifestierte Erfahrung. Es ist nicht nur ein Gefühl, sondern es sind konservierte Gefühle zum Anfassen, und weil wir es selbst gemacht haben, sind sogar wiederholbare Erfolgserlebnisse möglich. Ich habe das selbst erlebt und bin immer extrem beglückt, wenn ich genau diese Erkenntnis und Erfahrung bei meinen Kundinnen erlebe. Manchmal dauert es Wochen oder Monate, bis frau die tiefsitzenden Überzeugungen loswird, nicht gut genug zu sein oder sich nicht genügend angestrengt zu haben. Doch manchmal geht es auch ganz schnell.

Ich erinnere mich noch gut an einen Workshop, in dem ich einer Teilnehmerin zeigte, wie sie vorteilhafte Oberteile nähen kann, die Figur zeigen und trotzdem ihren deutlich vorhandenen Bauch umschmeicheln. Das Probeteil frisch beendet, eilte sie damit zum Einkaufen und bekam ein Kompliment von einem Bekannten. Das hatte sie seit langem nicht mehr erlebt. Beschwingt von diesem guten Gefühl nähte sie am gleichen Abend noch zwei weitere Oberteile nach diesem für ihre Figur angepassten Schnittmuster. Egal, wohin sie in den nächsten Wochen ging – die Komplimente und die positive Bestätigung, dass irgendetwas anders an ihr sei, waren ihr sicher. Sie konnte es kaum glauben oder genauer gesagt, es brauchte eine gewisse Anzahl von Rückmeldungen, um die alte Überzeugung, nicht gut genug und nicht hübsch genug zu sein, aufzulösen. Das Wissen darum, diese Veränderung im wahrsten Sinne des Wortes auch noch selbst herbeigenäht zu haben, potenzierte die Freude über die Komplimente. Komplimente sind schön, aber eigentlich können wir uns nichts dafür kaufen. Auf Komplimente zu warten, schwächt uns erneut und macht uns wieder zu Objekten, die beurteilt werden – doch sie sind ein guter Anfang. Die Rückmeldungen von anderen helfen uns, unseren neuen Erfahrungen zu vertrauen. Mit der Zeit brauchen wir sie nicht mehr, weil wir wissen, dass sich etwas verändert hat. Die Sicherheit, die daraus entsteht, zu wissen, das magische Ding, das die Veränderung zwischen uns und der Außenwelt herbeigeführt hat, selbst gemacht zu haben und jederzeit für Nachschub sorgen zu können – dieses Wissen macht uns stark und zu selbstbestimmten Subjekten unseres Lebens.

Sichtbar sein

Mit der Zeit wird es selbstverständlich, Selbstgenähtes zu tragen. Wir gewöhnen uns daran, dass alles passt und sich richtig anfühlt. Kleidergrößen sind abgehakt, wir denken auch immer weniger darüber nach, wie viel wir wiegen, welche Körperform wir haben und ob das irgendeiner Norm entspricht. Mit dieser neugewonnenen Stärke und Energie nähen wir weiter, bis wir einen ganzen Kleiderschrank mit der Kleidung haben, die es uns ermöglicht, genau so auszusehen, wie wir der Welt begegnen wollen.

Dann passiert wieder etwas Magisches: Mit der Anzahl der uns nun zur Verfügung stehenden Kleidungsstücke erweitert sich der Raum der Möglichkeiten. Es ist so einfach: Statt jeden Morgen ratlos im Bett zu liegen und über das passende Outfit für den Tag nachzugrübeln, kommen Sie vielleicht mit den passenden Kleidungsstücken auf ganz spannende Gedanken, was Sie Neues ausprobieren könnten. Das passende Outfit ist die Eintrittskarte für ganz neue Bühnen des Lebens.

Das glauben Sie nicht? Dann denken Sie einmal anders herum: Welche Chancen haben Sie nicht ergriffen, welche Situationen vermieden, weil Ihnen die passende Kleidung fehlte? In welchen Situationen blieben Sie im Hintergrund, verzichteten, oder entschieden sich dafür, gar nicht erst hinzugehen? Ich kann für mich jedenfalls sagen, dass ich die eine oder andere Bühne nicht betrat oder die eine oder andere Chance früher nicht ergriff, weil ich dafür nicht das Passende anzuziehen hatte. Wie oft war ich nicht schwimmen, weil ich meinen Badeanzug hasste, wie oft verzichtete ich darauf, Salsa zu tanzen, weil ich kein Kleid mit schwingendem Rockteil hatte, wie selten flirtete ich, obwohl mir mein Gegenüber gefiel, weil ich mich in meiner zweiten Haut mal wieder nicht wohlfühlte. Egal ob beruflich oder privat – ich kann mich an unzählige Situationen in meinem Leben erinnern, in denen ich auf Glück, Geld, Herausforderungen, Anerkennung oder Spaß verzichtete, alleine deshalb, weil ich nicht das Richtige anzuziehen hatte.

Wie oft habe ich Absagen bekommen, obwohl ich mich im Bewerbungsgespräch gut geschlagen hatte und fachlich alles vorweisen konnte, was gefragt war. Den Grund hat mir natürlich niemals jemand verraten. Doch manchmal beschert einem das Leben merkwürdige Zufälle. Als ich mein zweites Studium begann und einen Ferienjob suchte, landete ich in einem Unternehmen, bei dem ich mich wenige Monate zuvor erfolglos mit frisch erworbenem Diplom beworben hatte. Als studentische Hilfskraft gab es weniger strenge Bekleidungsregeln – das gab mir die Gelegenheit, in dem Unternehmen von innen zu erkunden, was der Grund für die vorherige Absage gewesen sein könnte. Es war so offensichtlich: Alle, Männer wie Frauen, trugen graue Anzüge und blaue Hemden, obwohl es keine offizielle Berufskleidung gab. Für meine Bewerbungsgespräche hatte ich in Ermangelung von Alternativen in den Plus-Size-Geschäften einen beigen Hosenanzug gekauft, weil er der einzige war, der mir passte. Gut, ich fand ihn jetzt auch nicht superschick, aber zu dieser Zeit glaubte ich noch, dass es im Job auf meine Zeugnisse und mein Wissen ankommen würde und war froh, überhaupt einen Anzug gefunden zu haben. Es ist so banal – tragen wir beim Bewerbungsgespräch nicht das Outfit, das in das Unternehmen passt, für das wir uns bewerben, stimmt daran nur eine Kleinigkeit nicht, die Irritationen auslöst, dann bekommen wir den Job nicht und fragen uns hinterher, ob wir nicht qualifiziert genug dafür waren. Unzählige Besitzer*innen von Unternehmen, die Weiterbildungen für unsichere Frauen anbieten, reiben sich im Hintergrund die Hände ob dieser schier unerschöpflichen Quelle für Einkünfte. Diese Erfahrung machen wir nicht nur in Bewerbungsgesprächen. Wir kennen das Gefühl, nicht dazu zu gehören, schon von früher vom Schulhof, wenn unsere Eltern uns „die richtige Jeansmarke" verweigert hatten – weil sie nicht verstanden, dass es eben gerade darauf ankommt oder schlichtweg die Markenjeans nicht bezahlen konnten. Kleidung schafft Zugehörigkeit. Wenn es aber das, was wir für die Zugehörigkeit zu einer bestimmten Gruppe brauchen, nicht in unserer Kleidergröße zu kaufen gibt, können wir es uns selbst nähen. Das ist der einfache Grund, wieso jedes selbstgenähte Kleidungsstück uns neue Chancen verschafft und uns Teilhabe ermöglicht. Es gibt wieder ein Outfit mehr in unserem Kleiderschrank für neue Anlässe.

Da diese Kleidungsstücke nicht vom Himmel fallen, sondern wir sie mit eigenem Grips und eigenen Händen nähen, sind sie genau so wie wir sie haben wollen – in Farbe und Form, aber auch, was sie als Aussage über uns transportieren. Sie passen perfekt zu uns. Das verleiht frau einen Schub an Energie und ist das Fundament für ein stabiles Selbstbewusstsein.

Mithilfe dieser neuen Energie, diesem Vertrauen in uns selbst, wagen wir uns an neue Projekte heran, mit denen wir schon lange liebäugeln oder die früher für uns undenkbar waren. Sie helfen uns, aufzustehen und zu sagen, „Ich bin die Richtige dafür“, und helfen uns damit, endlich sichtbar zu sein. Wir brauchen uns, unsere Ideen und Fähigkeiten nicht zu verstecken! Im Gegenteil: Die Welt braucht sie! Es nützt nichts, im diffusen Unbehagen zu verharren. Lasst uns die selbstgenähten Ärmel hochkrempeln und die Welt nach unseren Vorstellungen mitgestalten. Wichtig ist es, aus unserer dunklen Ecke herauszukommen und zu zeigen, was wir können. Nicht jede muss ins Rampenlicht, aber wenn wir weiterhin unser Licht unter den Scheffel stellen und es den alten weißen Männern überlassen, die Welt zu gestalten, dann Halleluja. Lasst uns mehr Raum einnehmen, machen wir uns bemerkbar!

Während Männer ganz selbstverständlich breitbeinig in der U-Bahn sitzen, wurde Frauen eingetrichtert, nur nicht zu viel Platz einzunehmen. Gerade diejenigen unter uns, die eine große Größe tragen, spüren diesen Appell doppelt und dreifach. In vorauseilendem Gehorsam klemmen wir uns ans Fenster, um unseren Sitznachbarn ja nicht zu berühren, dabei sind Bussitze eben nicht für alle Figuren ausgelegt und es ist nicht unsere Schuld, dass die genormte Sitzbreite nicht für alle passt.

So sehr haben wir es verinnerlicht, bescheiden zu sein, wenig Raum einzunehmen, leise zu sein und im Zweifelsfall einem Kompromiss zuzustimmen, dass es uns komisch vorkommt, wenn ich mir wünsche, dass Frauen stärker ins Rampenlicht treten und sich und ihre Kompetenzen einbringen sollen. Dabei ist es mein voller Ernst.

Diejenigen, die zur Zeit und vor allen Dingen seit langen Zeiten an den Schalthebeln der Macht sitzen und über unser Leben bestimmen, repräsentieren weder unser Leben, noch das Leben von Kindern, Behinderten, Menschen mit Migrationshintergrund, trans Menschen und anderen Marginalisierten. Ganz verschiedenartige Menschen müssen zu Wort kommen, um neue Ideen für unsere Gesellschaft zu entwickeln.

Wenn die selbstgenähte Garderobe die eine oder andere Person dazu ermutigt, sich in der Politik mehr einzubringen – Hurra! Doch es geht mir nicht nur um die große Politik, denn ich denke, wir können unsere Kompetenzen an allen Orten konstruktiv einbringen. Es sollte für alle Menschen genauso selbstverständlich sein wie für Männer, zumindest metaphorisch breitbeinig dazusitzen, Raum einzunehmen und einzufordern, dass uns und unseren Ideen zugehört wird, im Beruf, im Ehrenamt, in der Familie. Wir könnten vermutlich wahnsinnig viel bewirken, wenn die andere Hälfte der Menschheit sichtbar und angehört werden würde.

Dieses Sichtbarwerden erfordert Mut, insbesondere dann, wenn das Leben im Hintergrund schon zur Gewohnheit geworden ist. Sich ins Rampenlicht zu stellen, die Stimme zu erheben oder einfach nur in einem knallroten Wintermantel durch die Landschaft schwarzer und grauer Winterjacken zu gehen, erfordert eine Portion Selbstbewusstsein. Immer dann, wenn wir sichtbar sind, sind wir auch angreifbar. Was wir sagen und tun, wird nicht nur wahrgenommen, sondern steht zur Disposition. Genau das hält viele davon ab, aus der Menge herauszutreten und sichtbar zu sein. Nach meiner Erfahrung sind diese Ängste aber unbegründet. Es interessieren sich weitaus weniger Menschen um uns herum für uns als wir denken – die meisten Menschen sind viel mit sich selbst beschäftigt. Auch wenn wir das Gefühl haben, dass sich alle Blicke auf uns richten, so stimmt dies meist nicht. Außerdem könnte es ja sein, dass wir ein angenehmer Anblick sind und etwas Interessantes zu sagen haben. Ich finde, es besteht zunächst kein Grund, daran zu zweifeln und der Versuch, aus dem Schatten hervorzukommen, lohnt sich. Genau dann können uns auch die uns Wohlgesinnten entdecken, die vielleicht wie wir die Problemzonen abschaffen und die Welt verändern wollen. Erst wenn wir einander entdecken, können wir zusammen mehr bewegen, aber auch uns gegenseitig beschützen. Also bildet Banden! Vielleicht finden wir ein schickes Accessoire, an dem wir uns erkennen? Wir könnten zum Beispiel Kleidung und Accessoires mit einem Erkennungszeichen besticken. Stickvorlagen mit Motiven und Zitaten aus diesem Buch gibt es als kostenlosen Download, siehe Anhang.

Bekleidungsnäherinnen erkennen sich übrigens oft jetzt schon, wenn sie sich zufällig begegnen. Wenn Kleidungstücke gut passen und irgendwie besonders sind, dann können sie nur selbstgenäht sein. Halten Sie mal danach Ausschau!

Sichtbar zu sein und Raum einzunehmen, erfordert ein bisschen Übung. Wie wäre es, wenn wir zur Probe hin und wieder einen richtig weiten Rock mit vielen Metern Stoff und einem bauschigen Petticoat trügen, um ganz selbstverständlich Raum einzunehmen? Haben Sie das schon einmal erlebt? Ich kann Ihnen versichern, dass es sich großartig anfühlt. Gerade am Anfang meiner Nähkarriere genoss ich den damit verbundenen großen Auftritt und übte so, den Raum einzunehmen, der mir zusteht. Mittlerweile weiß ich, dass es noch ganz viele andere Möglichkeiten gibt, eine „neue Dame“ zu sein.

Die „neue Dame“

Wenn wir nicht mehr auf Kleidung von der Stange angewiesen sind, ist das besonders toll für Frauen, die nicht mehr ganz jung sind. In jungen Jahren passen die meisten Körper wenigstens noch irgendwie in industriell hergestellte Kleidung. Auch wenn es in jedem Alter Große und Kleine, Dicke und Dünne gibt – die Varianz der Körperformen nimmt mit zunehmenden Alter und Gewicht zu. Da zudem die Textilindustrie und Mode zum großen Teil auf junge Menschen abzielt, ist selbstgenähte maßgeschneiderte Kleidung gerade für alle diejenigen ein Segen, deren Körper sich durch Schwangerschaften, die Menopause oder allgemein die Anforderungen des Lebens verändert hat.

Als gestandene Frauen können wir uns dagegen entscheiden, uns wie unsere Töchter und Enkel*innen zu kleiden. Sobald wir uns gegen den Jugendwahn und für das Nähen der eigenen Kleidung entschieden haben, stehen uns viel mehr Möglichkeiten offen. Wir können gleichermaßen den „frech-flotten Look“ in den Plus-Size-Geschäften ignorieren oder „den Einheitslook in Beige“, der für „ältere Frauen“ vorgesehen ist. Uns steht die ganze Bandbreite an Kleidungsvorschlägen für Frauen und Männer, für Alte und Junge, für Schlanke und Dicke und aus aller Welt offen. Wir können diese Vorschläge für uns interpretieren und so, wie es zu uns passt, umsetzen.

Diese große Auswahl hat einen Vorteil: Sie zeigt auf, wie groß der Möglichkeitsraum ist, wieviele Variationen der Frau es geben könnte, die wir gerne werden möchten. Wir müssen uns auch noch nicht gleich heute entscheiden. Es gibt keinen bestimmten Zeitpunkt, an dem wir festlegen, wie wir aussehen wollen. Nähen braucht seine Zeit. Wir können uns mit jedem neuen Kleidungsstück der Frau annähern, die wir sein wollen.

Ist einmal ein Irrtum dabei und ein Kleidungsstück entstanden, das trotz aller Vorfreude doch gar nicht zu uns passt, dann haben wir wenigstens das gelernt. Ich finde es wunderbar, dass das Nähen seine Zeit braucht, denn so haben wir Gelegenheit, in eine neue Garderobe hineinzuwachsen und herauszufinden, wer wir sein wollen.

Das Leben der Frauen jenseits der Wechseljahre ist heute nicht mehr so eindeutig festgelegt wie früher. Das ist eine große Chance. Im Gegensatz zu vielen Männern, die ab fünfzig nur noch der Rente entgegenfiebern, blühen viele Frauen in diesem Alter noch einmal auf und erschaffen sich neu. Doch es könnten noch viel mehr Frauen sein, die die Kraft dieser Jahre nutzen, um etwas aus sich und der Welt zu machen und sich und ihre Fähigkeiten ins Spiel zu bringen. Ich bin der festen Überzeugung, dass eine selbstgenähte Garderobe uns dabei hilft, denn mit ihr erschaffen wir uns Stück für Stück selbst.

Vielleicht ist die „neue Dame" das Lebensmodell derjenigen, die weder zum alten Eisen gezählt werden wollen, noch krampfhaft aufrechterhalten wollen, was nicht mehr ist. Statt sich weiterhin in die gleiche Kleidergröße wie als junges Mädchen zu quetschen, könnten wir auch das weiche Gewebe rund um die Taille akzeptieren, das sich zwangsläufig in den mittleren Jahren einer Frau um die Körpermitte herum ansammelt und einen neuen Look, ein neues Lebensgefühl definieren.

Die Dame war früher diejenige, die gesellschaftlich eine Rolle spielte, Damen waren sichtbar und genossen Respekt. Genau das können wir auch für uns in Anspruch nehmen. Ich sehe kein Gegenargument. Vielleicht müssen wir einfach nur das neue Bild einer Dame entwickeln, denn es steht allen Frauen zu, mit Respekt behandelt zu werden und in Würde zu altern, auch wenn sie keine wertvollen Klunker um den Hals tragen. Lassen Sie sich nicht von dem Wort „Dame“ irritieren und den Bildern im Kopf, die Sie vielleicht früher dazu hatten. Ersetzen Sie diese Bilder mit einer Vision, die genau zu Ihrem Leben passt. Ich mag es, mir diesen Begriff der Dame anzueignen und mit neuem Leben zu füllen. Genau wie Homosexuelle sich den Begriff schwul aneigneten und dicke Menschen sich selbst als dick oder fett bezeichnen.

Wir nehmen uns eine Selbstbezeichnung, werten sie auf, füllen sie mit neuen Inhalten und tragen sie mit Stolz. Wir können sie erschaffen, die „neue Dame“ und mit Leben füllen, jede für sich und wir alle gemeinsam, indem wir als neue Damen sichtbar werden, gehört werden wollen und Respekt erwarten. Wenn ich an eine Dame denke, dann denke ich auch an Haltung. Ist diese Dame in meinen Gedanken auch noch so alt – sie hält sich gerade (oder zumindest so gerade, wie es noch geht). Es ist kein gesenkter Blick und kein gebeugter Rücken, der die Dame auszeichnet. Das erinnert mich an mein erstes Buch, in dem ich schon schrieb, „Wenn du dich wie eine Königin verhältst, wirst du auch wie eine Königin behandelt.“ Fast zwanzig Jahre später finde ich noch immer, dass wir selbstverständlich und zwar alle eine königliche Behandlung verdienen. Respekt kann man nur bedingt einfordern, aber frau kann sich so verhalten, dass respektloses Verhalten ihr gegenüber schwieriger wird. Das passiert in dem Moment, in dem sie stark und selbstbewusst wirkt. Brust raus, den Blick nach vorne – ein aufrechter Gang und das Bewusstsein dafür, dass es komplett in Ordnung ist, Raum einzunehmen und sichtbar zu sein. Das ist eine Haltung, die von innen kommt und die neue Dame auszeichnet, egal, wie sie aussieht und mit und ohne Klunker.

Die neue Dame kann aus diesem Grund ganz unterschiedlich aussehen. Jede definiert ihren Damen-Look für sich selbst, die

Gemeinsamkeit ist die innere Haltung, das Verständnis davon, dass alle okay sind, so wie sie sind, und Respekt verdienen.

Alle sind okay

Respekt ist das Zauberwort. Aber Respekt wird oft missverstanden. Oftmals wird Respekt mit Unterwürfigkeit gegenüber Mächtigen oder Menschen mit einem höheren Status verwechselt. Respekt haben meint nicht, sich unterwürfig zu verhalten und zu schweigen, weil es der eigenen Rolle nicht zusteht, den Mund aufzumachen. Das ist kein Respekt. Respekt funktioniert auf Augenhöhe.

Respekt ist eine Haltung, die grundsätzlich davon ausgeht, dass jeder Mensch es verdient, höflich behandelt, angehört und akzeptiert zu werden, so wie er oder sie nun mal ist. Das gilt ohne vorher bewiesen zu haben, wie nützlich er oder sie ist, ohne bereits in Vorleistung getreten zu sein. Respekt ist für alle da, denn alle sind okay – zumindest so lange, bis uns auffällt, dass sie sich uns gegenüber respektlos verhalten.

Sobald ich alle erst einmal so akzeptiere, wie sie sind, hebele ich ein weiteres Mal das Selbstverständnis der Leistungsgesellschaft aus, denn um respektvoll behandelt zu werden, muss mensch sich nicht anstrengen – Respekt muss man sich nicht verdienen. Wer Respekt als Haltung betrachtet, weiß, dass es nicht darum geht, ob jemand genug geleistet hat, denn alle haben Respekt verdient.

Mit dieser Haltung ist es auch sehr viel leichter, sich okay zu finden – denn schließlich schließt „alle“ auch mich mit ein. Wenn alle Respekt verdient haben, dann gilt das auch für mich. Wenn alle okay sind, dann bin ich es auch. Es ist vollkommen überflüssig, nach den eigenen Fehlern zu suchen oder sich selbst zu optimieren, um respektvoll behandelt zu werden. Wir können an uns arbeiten, etwas lernen, besser in irgendetwas werden, wenn wir es wollen, aber das hat absolut nichts mit Respekt zu tun, denn dieser steht uns einfach so zu. Trotzdem fällt es uns oft wahnsinnig schwer, diesen simplen Satz, „ich bin okay, so wie ich bin", zu denken und für grundsätzlich wahr zu halten. Vielleicht hilft es, sich dabei zu vergegenwärtigen, dass wir alle unsere Freundinnen wunderschön finden und aus diesem Grund einfach zu vermuten, dass es ihnen mit uns genau so geht.

Problemzonen wurden uns von denjenigen verkauft, die einen Nutzen davon haben, dass wir uns schlecht fühlen – dahinter steckt kein Respekt, sondern ein Machtgefälle. Es gibt diejenigen, die definieren und beurteilen, was schön und wert ist, gut behandelt zu werden, und die anderen, die sich anstrengen sollen, um als wertvolle Menschen anerkannt zu werden. Solange wir dieses Spiel mitspielen, akzeptieren wir nicht nur dieses Machtgefälle, sondern behandeln uns selbst nicht respektvoll.

Die Abschaffung der Problemzonen ist ein wichtiger Schritt dahin, eine gesellschaftliche Übereinkunft zu treffen, dass alle Menschen okay sind, so wie sie sind. Wenn wir das geschafft haben, wenn immer mehr Menschen diese miesen Spielchen nicht mehr mitspielen, wenn die Problemzonen durchschaut und abgeschafft sind, dann entsteht daraus ein neuer Umgang miteinander, der alles verändert. Wenn wir wirklich glauben, dass alle Menschen Respekt verdienen, dann gibt es keine Diskriminierung mehr. Diskriminierung entsteht durch Machtgefälle und durch den Wunsch, sich besser zu fühlen, indem andere schlecht behandelt werden. Diskriminierendes Verhalten wird als gesellschaftlich akzeptabel betrachtet, wenn davon ausgegangen wird, dass diejenigen, die schlecht behandelt werden, das auch irgendwie verdient haben. Diskriminierung bedeutet, dass Menschen schlecht behandelt werden, weil sie ein abweichendes Merkmal von der Norm haben: Sie sind nicht weiß, nicht männlich, nicht leistungsfähig oder nicht schlank genug – also darf auf sie eingehauen werden, dürfen sie beleidigt werden und dürfen sie von bestimmten Jobs oder gesellschaftlichen Entscheidungsprozessen ausgeschlossen werden.

Das alles ist nur denkbar, wenn man davon ausgeht, dass eben nicht alle Menschen okay sind. Kein Wunder, dass es uns schwerfällt, dieses „ich bin okay" für uns selbst zu akzeptieren. Die Leistungsgesellschaft um uns herum verlangt von uns, dass wir uns permanent vergleichen und weiter optimieren, um das gesellschaftliche Wachstum in Gang und die Machtverteilung aufrecht zu erhalten.

Zu denken, „ich bin okay, so wie ich bin", lässt uns individuell aus dieser Leistungsspirale aussteigen – zu denken, „alle sind okay", verändert den Umgang miteinander, weil alle teilhaben dürfen, wenn in Augenhöhe und respektvoll miteinander umgegangen wird. Alles das kann geschehen, wenn wir die Problemzonen abschaffen.

Zu verstehen, warum es diese Problemzonen überhaupt gibt und wie sie funktionieren, hilft immens, um die dahinterliegenden Konsequenzen zu verstehen und sich davon zu verabschieden. Doch das Verstehen alleine hilft oft nicht, um die ersten Schritte zu tun, wirklich etwas zu verändern. Da kommt das Nähen wieder ins Spiel, denn mit der selbstgenähten Kleidung wiederholt sich immer wieder die Erfahrung, dass es unnötig ist, den eigenen Körper zu hassen, abzulehnen oder verändern zu wollen. Mit dem Nähen der Bekleidung können wir viel mehr verändern und sehen und spüren ganz direkt, dass wir das, was eine neue Qualität in unser Leben gebracht hat, auch noch selbst geschaffen haben.

Gemeinsam nähen

Unzählige Generationen von Frauen vor uns saßen Abend für Abend mit Handarbeiten gemeinsam zusammen. Ich finde es eine schöne Vorstellung, daran anzuknüpfen und den buchstäblichen Faden wieder aufzunehmen. Frauen haben schon immer Textilien selbst hergestellt und dieses Wissen untereinander weitergegeben. Dabei wurde sicherlich auch das eine oder andere wichtige Thema beredet. Wenn ich mit meinen Nähfreundinnen zusammen nähe, dann entstehen dabei nicht nur neue Kleidungsstücke, sondern auch kluge Gedanken. Das gemeinsame Nähen ist ein bisschen wie gemeinsam am Kamin zu sitzen und zu plauschen. Wir schauen uns im Gespräch nicht an, sondern sind konzentriert auf das, was wir tun– so können die Gedanken fließen und manches Gespräch verläuft anders, als vielleicht im Vorfeld erwartet.

Die Veränderung des Selbstbewusstseins und der Wahrnehmung des eigenen Körpers sowie die Freude an der Gestaltungsfreiheit des eigenen Äußeren beobachtete ich nicht nur an mir. Durch das Gespräch mit den Nähfreundinnen wurde mir klar, was sich veränderte, und dass dies nicht nur bei mir geschah. Wir veränderten uns gemeinsam und das verstärkte die Wirkung der persönlichen Entwicklung der Einzelnen noch mal auf eine ganz besondere Weise.

Deswegen glaube ich, dass das Nähen nicht nur ein privater Akt ist, sondern besonders wirksam, wenn es in Gruppen geschieht – so, wie es unsere weiblichen Vorfahren schon immer getan haben. Wir können voneinander lernen bei solchen Begegnungen, uns bestärken, einander unterstützen, uns gemeinsam weiterentwickeln und Erfolge feiern.

Die Vorstellung, dass genau das an ganz vielen Orten der Welt passiert, macht mich hoffnungsvoll. Was, wenn immer mehr Frauen sich darüber austauschen, dass die Problemzonen abgeschafft gehören und es eine Alternative zur ständigen Selbstoptimierung gibt? Was, wenn sich überall auf der Welt Frauen treffen und, indem sie sich Kleidung nähen, Schritt für Schritt aus dem sie respektlos behandelnden System ausbrechen und etwas Eigenes, etwas Neues schaffen? Diese Form von Aktivismus geschieht weitestgehend im Verborgenen und verändert doch so viel. Sollen die alten, weißen Männer doch denken, dass wir ihnen nicht gefährlich werden können, wenn wir uns mit unseren Freundinnen zum Nähen treffen. Wir wissen, dass das Selbermachen eine wirksame Waffe ist.

Den Kapitalismus, das Patriarchat und die Leistungsgesellschaft können wir nicht direkt abschaffen. Aber wir können aussteigen. Wir können uns zusammentun und DIY im wahrsten Sinne des Wortes machen. Wir verändern die Welt nach unseren Vorstellungen. Wir machen es einfach selbst.

IV. Anhang

Problemzonen abschaffen!

Literaturnachweise

Ein neues Kapitel

Journelle: „Das Internet hat mich dick gemacht“ re:publica 2016 {https://www.youtube.com/watch?v=xblghB3bdLM} (letzter Zugriff 23.11.2021)

Ulrike Bartos: Blog Miss Bartoz {https://www.missbartoz.de} (letzter Zugriff 23.11.2021)

Teil I: Problemzonen

Laurie Penny: *Fleischmarkt. Weibliche Körper im Kapitalismus.* Hamburg 2012

Schönheit

Christiane Frohmann: *Präraffaelitische Girls erklären Hexerei.* Berlin 2021

Dina Amlund: „Fatness in culture, art and language.“ In: *Konfront,* 16.5.2019 {https://konfront.dk/fatness-in-culture-art-and-language/} (letzter Zugriff 16.11.2021)

Isabell Prophet: „Business of Beauty. Aufbegehren der Andersschönen“. In: *Qiio Magazin,* 30.8.2020 {https://www.qiio.de/aufbegehren-der-andersschoenen/} (letzter Zugriff 16.11.2021)

Natalie Rosenke: „Über die gesellschaftliche Undenkbarkeit von Fat Sex und die Lust am dicken Körper“. In: Lotte Rose, Friedrich Schorb (Hrsg.): *Fat Studies in Deutschland. Hohes Körpergewicht zwischen Diskriminierung und Anerkennung.* Weinheim 2017, S. 141–59

Soohyung Lee: „Beauty Pays but Does Investment in Beauty?“ In: *IZA World of Labor,* October 2015 {https://wol.iza.org/articles/beauty-pays-but-does-investment-in-beauty/long} (letzter Zugriff 17.11.2021)

Kjerstin Gruys: Beauty: A Bad Investment. TED-Talk Februar 2020 {https://www.ted.com/talks/kjerstin_gruys_beauty_a_bad_investment} (letzter Zugriff 17.11.2021)

Schlank sein

Naomi Wolf: *Der Mythos Schönheit.* Reinbek 1991

Magda Albrecht: *Fa(t)shionista. Rund und glücklich durchs Leben.* Berlin 2018

C. S. Rant, A. M. Mcgregor: „Successful weight loss following obesity surgery and the perceived liability of morbid obesity“. In: *International Journal of Obesity*, September 15(9) 1991

Marco Caliendo, Markus Gehrsitz: „Obesity and the Labor Market: A Fresh Look at the Weight Penalty“. In: *Economics and Human Biology* Vol. 23, Dezember 2016, S. 209–225

Esther D. Rothblum: „Fat Studies“. In: Lotte Rose, Friedrich Schorb (Hrsg.): *Fat Studies in Deutschland. Hohes Körpergewicht zwischen Diskriminierung und Anerkennung.* Weinheim 2017, S. 16–30

Jugend

Elizabeth Prommer, Christine Linke: Audiovisuelle Diversität, Geschlechterdarstellungen in Film und Fernsehen in Deutschland {https://www.uni-rostock.de/storages/uni-rostock/UniHome/Presse/Pressemeldungen/Broschuere_din_a4_audiovisuelle_Diversitaet_v06072017_V3.pdf} (letzter Zugriff 23.11.2021)

Sexyness

Franziska Schutzbach: *Die Erschöpfung der Frauen. Wider die weibliche Verfügbarkeit.* München 2021

Die Schönheitsindustrie

Sofie Hagen: *Happy Fat. Nimm dir deinen Platz.* Köln 2020

Melodie Michelberger: *Body Politics.* Hamburg 2021

Jürgen Martschukat: *Das Zeitalter der Fitness: Wie der Körper zum Zeichen für Erfolg und Leistung wurde.* Frankfurt/Main 2019

Alle lieben Zahlen

Debora Frommeld: *Die Personenwaage. Ein Beitrag zur Geschichte und Soziologie der Selbstvermessung.* Bielefeld 2019

Die Scham, am eigenen Körper zu versagen

Margarete Stokowski: *Die letzten Tage des Patriarchats.* Hamburg 2019

Kathrin Gärtner: Scham. Videoserie {https://www.youtube.com/watch?v=6hRPBGj6RgY} (letzter Zugriff 23.11.2021)

T. Gruenwald, M. Kemeny, N. Aziz, J. Fahey: „Acute Threat to the Social Self: Shame, Social Self Esteem, and Cortisol Activity“. In: *Psychosomatic Medicine*, 2004, Vol. 66. Issue 6

Der Kampf um den Körper

Antonie Post: Ist Schlanksein eine Leistung? Welche Faktoren das Körpergewicht wirklich bestimmen. {https://antoniepost.de/2022/01/26/ist-schlanksein-eine-leistung/} (letzter Zugriff 23.11.2021)

Alison Fildes, Judith Charlton,, Caroline Rudisill, Peter Littlejohns, A. Toby Prevost, Martin C. Gulliford: „Probability of an Obese Person Attaining Normal Body Weight: Cohort Study Using Electronic Health Records“. In: *American Journal of Public Health*, September 2015 {https://ajph.aphapublications.org/doi/10.2105/AJPH.2015.302773} (letzter Zugriff 23.11.2021)

Laurie Penny: *Fleischmarkt. Weibliche Körper im Kapitalismus.* Hamburg 2012

Schluss mit der obsessiven Beschäftigung mit dem Körper

Sofie Hagen: *Happy Fat. Nimm dir deinen Platz.* Köln 2020

Teil II: Kleidung

Und was ist mit der Mode?

Ari Seth Cohen: Advanced style. {https://www.advanced.style/} (letzter Zugriff 16.11.2021)

Leanne Shapton, Sheila Heti, Heide Julavits : *Frauen und Kleider: Was wir tragen, was wir sind.* Frankfurt 2015

Konfektion: One Size fits many

Hohenstein Institut: „Neue Konfektionsgrößen. Size Germany“. In: *Forward Textile Technologies*, Juni 2009, S. 78–79

Merle Schaack: „Das Problem mit der Passform“. In: *Hannoversche Allgemeine Zeitung* 17.7.2017 {https://www.haz.de/Nachrichten/Wirtschaft/Deutschland-Welt/Das-Problem-mit-der-Passform} (letzter Zugriff 23.11.2021)

Tobias Dorfer: „Dicke Mädchen unerwünscht“. In: *Süddeutsche Zeitung* 10.5.2013 {https://www.sueddeutsche.de/stil/abercrombie-fitch-dicke-maedchen-unerwuenscht-1.1669393} (letzter Zugriff 23.11.2021)

„Nun auch große Größen". In: *Bunte* (online) 14.11.2013 {https://www.bunte.de/mode-stil/abercrombie-fitch-nun-auch-groessere-groessen-im-angebot-59167.html} (letzter Zugriff 23.11.2021)

Nicht der Körper ist falsch, sondern die Kleidung, die uns angeboten wird

Ulrike Bartos: Themenreihe „Ich darf das". In: Blog Miss Bartoz {https://www.missbartoz.de/hurra-wampe-wird-jetzt-trend/} (letzter Zugriff 17.3.2021)

Industriell hergestellte Kleidung verursacht noch mehr Probleme

Elizabeth Hawes: *Zur Hölle mit der Mode.* Berlin 2019

Greenpeace: Wegwerfware Kleidung. Repräsentative Greenpeace-Umfrage zu Kaufverhalten, Tragedauer und der Entsorgung von Mode. 23.11.2015 {https://ww.greenpeace.de/presse/publikationen/wegwerfware-kleidung} (letzter Zugriff 16.11.2021)

Greenpeace: Konsumkollaps durch Fast Fashion. Die Textil-Trends von heute sind der Müll von morgen. 14.02.2017 {https://www.greenpeace.de/presse/publikationen/konsumkollaps-durch-fast-fashion} (letzter Zugriff 16.11. 2021)

Nunu Kaller: *Ich kauf nix! Wie ich durch Shopping-Diät glücklich wurde.* Köln 2013

Luisa Hans: „Heute Trend - Morgen Müll". In: *itfits. Organic Textile Partner* {https://www.itfits.de/newsletter/journal-02-19/morgen-müll/} (letzter Zugriff 16.11.2021)

Phoebe Nicette: „Klimawandel und Mode – Wie sehr unser Konsum das Klima beeinflusst". In: *Fashion Changers* 17.9.2019 {https://fashionchangers.de/klimawandel-und-mode-wie-sehr-unser-konsum-das-klima-beeinflusst/} (letzter Zugriff 16.11.2021)

Greenpeace: Textilindustrie vergiftet Gewässer. {https://www.greenpeace.de/themen/endlager-umwelt/textilindustrie} (letzter Zugriff 16.11.2021)

Greenpeace: A little Story About a Monstrous Mess. 9.10.2013 {https://www.greenpeace.org/usa/research/little-story-monstrous-mess/} (letzter Zugriff 16.11.2021)

Frederik Fleig: Textilindustrie: Äthiopien, das neue Bangladesch. DeutschlandFunk Nova 9.7.2019 {https://www.deutschlandfunknova.de/beitrag/textilindustrie-aethopien-wird-das-neue-bangladesch} (letzter Zugriff 17.11.2021)

Teil III: DIY

In guter Tradition

Critical Crafting Circle (Hrsg.): *Craftista! Handarbeit als Aktivismus.* Mainz 2011

Klaus Farin: Dossier „Jugendkulturen in Deutschland", Bundeszentrale für politische Bildung {https://www.bpb.de/geschichte/zeitgeschichte/jugendkulturen-in-deutschland/} (letzter Zugriff 17.11.2021)

Holm Friebe, Thomas Ramge: *Marke Eigenbau.* Frankfurt 2008

GFK-Studie Nutzungsverhalten Handarbeit Februar 2021 im Auftrag der *Initiative Handarbeit* {https://initiative-handarbeit.de/presse/selbermachen-boomt-handarbeitsbranche-verzeichnet-umsatzrekord/} (letzter Zugriff 17. 11.2021)

myboshi GmbH, Bayern – Kategorie Aufsteiger 2014: Jugend häkelt {https://www.deutscher-gruenderpreis.de/preistraeger/2014/myboshi-gmbh/} (letzter Zugriff 17.11.2021)

Buchempfehlungen zum Weiterlesen

Franziska Schutzbach: *Die Erschöpfung der Frauen. Wider die weibliche Verfügbarkeit.* München 2021

Elisabeth Lechner: *Riot, don't diet! Aufstand der widerspenstigen Körper.* Wien 2021

Ann-Kristin Tlusty: *Süß: Eine feministische Kritik.* München 2021

Margarete Stokowski: *Die letzten Tage des Patriarchats.* Hamburg 2019

Anke Gröner: *Nudeldicke Deern. Free your mind and your fat ass will follow.* Reinbek 2013

Laurie Penny: *Sexuelle Revolution. Rechter Backlash und feministische Zukunft.* Hamburg 2022

Critical Crafting Circle (Hrsg.): *Craftista! Handarbeit als Aktivismus.* Mainz 2011

Carolin Wiedemann: *Zart und frei. Vom Sturz des Patriarchats.* Berlin 2021

Susanne Klinger: *Hab ich selbst gemacht. 365 Tage, 2 Hände, 66 Projekte.* Köln 2011

Christina Bylow, Kristina Vaillant: *Die verratene Generation. Was wir den Frauen in der Lebensmitte zumuten.* München 2014

Maja Göpel: *Unsere Welt neu denken. Eine Einladung.* Berlin 2020

Katja Eichinger: *Mode und andere Neurosen. Essays.* Berlin 2020

Orte im Internet, die die Welt besser machen

Körperpositive BH-Beratung: BH-Lounge – `bhlounge.de`
Bra-Fitting und schöne Dessous in Hannover, tolle Beratung auch per Videokonferenz.

Erotik für Frauen: Liebhabereien – `liebhabereien.com`
Körperpositive Beratung zu erotischer Kleidung, Toys und Zubehör.

Antonie Post – Health at every Size – `antoniepost.de`
Spannender Podcast und Coaching zu intuitivem Essen und gegen Diätkultur.

Gesellschaft gegen Gewichtsdiskriminierung – `gewichtsdiskriminierung.de`

Die eigene Kleidung nähen – wie anfangen?

Die naheliegendste Möglichkeit ist ein Nähkurs an der Volkshochschule, in einem Stoffgeschäft oder einem Nähcafé. So können Sie im Idealfall das Nähen an einer Nähmaschine ausprobieren, ohne selbst in eine Maschine investieren zu müssen. Halten Sie sich nicht mit Kissenbezügen auf: Suchen Sie sich einen Kurs, in dem Sie gleich ein Kleidungsstück nähen können, das Sie wirklich haben möchten. Mit der Unterstützung im Kurs können Sie von Anfang an auch etwas schwierigere Projekte meistern.

Wenn Sie schon einmal einfache Kleidung genäht haben und nun die nächsten Schritte unternehmen wollen, müssen Sie vielleicht einige Kurse ausprobieren, bis Sie den richtigen gefunden haben, der Sie weiterbringt, denn jede Nählehrerin ist anders und setzt andere Schwerpunkte.

Auch ich musste etwas suchen, bis ich die richtige Nählehrerin fand, die mir beibrachte, was ich wissen wollte: In meinem ersten Kurs steckte mir die Lehrerin die halbfertigen Kleidungsstücke zwar immer so ab, dass sie mir passten, erklärte mir aber nicht, was sie da tat, sodass ich das Ergebnis nicht reproduzieren konnte. Und ich wollte doch lernen, wie ich Schnittmuster für mich passend machen kann! Das Zauberwort heißt „Schnittanpassung" – wenn Sie online oder offline danach suchen, finden Sie Angebote, die nicht nur Nähtechniken vermitteln, sondern ihnen auch zeigen, wie sie die Passform für ihren Körper optimieren können. Die Schnittanpassung mit der crafteln®-Methode zeige ich in den Angeboten der *Crafteln*-Akademie, die Sie unter `akademie.crafteln.de` finden.

Wenn Sie lieber von zuhause aus lernen: Viele Schnittmuster von kleinen Anbieterinnen, die es im Internet gibt, enthalten eine ausführliche bebilderte Anleitung. Manche Schnittdesignerinnen veranstalten darüber hinaus *Sew-alongs*, bei denen ein Schnitt Schritt für Schritt gemeinsam genäht wird, begleitet von einer Artikelserie in einem Blog oder bei Instagram. Suchen Sie nach dem Namen des Schnittmusters +sewalong oder +tutorial oder nach dem Hashtags #[Schnittmustername]sewalong, um solche Beiträge zu finden.

Schnittmuster mit Foto-/Videoanleitungen

Pattydoo Schnittmuster – `pattydoo.de`
viele Basic-Schnittmuster, alle mit Videoanleitung.

Farbenmix – `farbenmix.de`
haben vor Jahren das Nähen mit Hilfe des Internets als Erste in Deutschland wieder modern gemacht.

Format nähen – `format-naehen.de`
Plus-Size-Angebot der Farbenmix-Gründerin mit Tipps und Tricks, einfachen Anpassungen und Plus-Size-Schnittmustern.

Lillesol & Pelle – `www.lillesolundpelle.de`
alle Schnitte mit Videoanleitungen.

Closet Core Patterns – `closetcorepatterns.com`
(englisch) – Basics und Anspruchsvolleres, auf der Webseite finden sich detaillierte Schritt-für-Schritt-Anleitungen mit vielen Fotos.

Grainline studio – `grainlinestudio.com` (englisch)
Viele Basics, zu jedem Schnittmuster gibt es einen *Sew-along* auf der Webseite.

Nähen lernen mit Youtube

Sew Simple – `sewsimple.de` – `www.youtube.com/c/SewSimple`
Einfache Schnitte und viele praxisorientierte Nähtipps im Youtubekanal.

Einfach nähen – `www.einfach-naehen.com` – `www.youtube.com/c/einfachnähen`
Unzählige Videos: von Nähtipps bis zu Live-*Sew-alongs.*

Downtown Tailoring – `www.youtube.com/c/DowntownTailoring` (englisch)
Nähtricks, Anleitungen zum Flicken und für einfache Änderungen (Hosen kürzen etc.) von einer Änderungsschneiderei aus Ottawa.

Für Fortgeschrittene

Für alle, die über die ersten selbstgenähten Kleidungsstücke hinaus sind und besondere Schnittmuster suchen, sind die Entwürfe der Berliner Designerin Melinda Stokes für ihr Label *Stokx* eine Empfehlung: Die Schnitte zeichnen sich durch besondere Schnittdetails, große Taschen und professionelle Verarbeitungsmethoden aus.

Fertig genähte Stücke verkauft Melinda Stokes in ihrem Geschäft in Berlin-Mitte (Steinstraße 26). Viele Modelle sind auch als Schnittmuster für fortgeschrittene Näher*innen erhältlich. Eine Auswahl von *Stokx*-Schnitten mit deutscher Anleitung findet man bei crafteln.de, alle Schnitte mit englischer Anleitung auf der Webseite stokx-patterns.com.

Irgendwann nach den ersten Nähversuchen stellt sich die Frage: „Was will ich eigentlich nähen, was steht mir?". Das ist der Zeitpunkt für *Näh deinen Stil* von Elke Puls – ellepuls.com.

Inspirierende Webseiten, Accounts und Hashtags

Me-Made-Mittwoch – memademittwoch.blogspot.com
Verlinkungsaktion deutscher Bekleidungs-Nähbloggerinnen seit 2012 und unerschöpfliche Inspirationsquelle.

Curvy Sewing Collective – curvysewingcollective.com – www.instagram.com/curvysewingcollective/
Gemeinschaftsblog und -account mit Schwerpunkt auf Plus-Size-Nähen (englisch).

Sewover50 – www.instagram.com/sewover50
#sewover50
Gemeinschaftsaccount von Bekleidungsnäherinnen über fünfzig. Über das Hashtag findet man viele weitere Accounts älterer Bekleidungsnäherinnen.

Buchtipps Nähen und Schnittanpassung

Tilly Walnes: *Liebe auf den ersten Stich.* München 2019
Charmante Einführung ins Nähen von Kleidung anhand von sieben Modellen mit Variationen. Schnittmuster für eine Grundgarderobe sind im Buch enthalten (bis 112 cm Brustumfang).

Meike Rensch-Bergner: *Passt Perfekt – Schnittmuster an die eigene Körperform anpassen: Enger, weiter, länger, kürzer.* München 2018
Meike Rensch-Bergner: *Passt perfekt Plus Size: Schnittanpassung für großartige Nähprojekte.* München 2020
Passe Schnittmuster an, nicht dich – mit meinen Büchern lernen Sie, wie das geht.

Stoff und Faden. Materiallexikon. Berlin 2016
Nur mit dem passenden Stoff können Nähprojekte wirklich gelingen. Kurzgefasste Informationen zum Nachschlagen im praktischen Handtaschenformat.

Jenny Rushmore: *Ahead of the Curve.* London 2021
Einfache Plus-Size-Modelle inklusive Schnittanpassung auf englisch.

Pati Palmer, Marta Alto: *Fit for Real People.* Palmer/Pletsch Publishing, 1998 und 2006 (englisch)
„Echte Menschen" sind nicht von der Stange und müssen gekaufte Schnittmuster anpassen, zum Beispiel mit Hilfe des Standardwerks aus den 90er Jahren.

Danksagung

Wenn ich einen Buchtext fertig gestellt habe, kommt noch das Sahnehäubchen: die Danksagung. Das ist wichtig, das mache ich gerne und ich hoffe inständigst, auch wirklich keineN dabei zu vergessen.

Zuallererst bedanke ich mich bei meiner Familie. Mein Mann steht hinter allen meinen Projekten und unterstützt mich. Er ist etwas skeptisch bei meinem Vorhaben, das Patriarchat abzuschaffen, aber Dirk, sei gewiss: „not all men …“. Außerdem: Auch Männer leiden unter dem Patriarchat und wir alle sollten uns unserer Privilegien bewusst sein. Tausend Dank für deine Unterstützung. Mein Teenager-Kind ist bereits Feminist*in, ohne sich so zu bezeichnen. Ich staune, was für ein toller Mensch das ist.

Die wichtigste Person, die mich bei diesem Buch in allen seinen Entstehungsphasen begleitet hat, ist meine Freundin, Lektorin und Verlegerin Constanze Derham. Unser Schreibexil im Gut Bassendorf war mein Höhepunkt des vergangenen Jahres. Lass uns immer wieder zusammen Kaffee trinken und tolle Dinge aushecken!

Melinda Stokes danke ich für das großzügige Teilen ihres Wissens über Kleidung und Passform. Ich habe wahnsinnig viel bei dir gelernt und dein Gästezimmer ist mein Wellnesshotel. Jana und Volker von Gut Bassendorf haben uns den besten Platz der Welt zum konzentrierten Arbeiten geboten. Jana, es war perfekt, wie du immer genau im richtigen Moment gekommen bist, um kluge Fragen zu stellen! Danke, dass du das Buchprojekt von den ersten Ideen bis zum Probelesen begleitet hast.

Nicht zu vergessen die anderen Probeleser*innen Ulrike Klode, Kathrin Mitze, Angela Klucker, Tina Kolbeck und Ralf Steinle. Vielen Dank für euer wertschätzendes Feedback! Ohne eure Hinweise hätte ich den Anfangsteil nicht noch einmal überarbeitet. Das hat mich erst schlaflose Nächte gekostet, aber im Nachhinein war es genau das Richtige! Unser freitägliches Co-Writing war super, Ulrike. Das sollten wir wieder öfters machen und Kaffee trinken sowieso.

Ohne Twitter und die tollen Menschen, denen ich dort folge, gäbe es dieses Buch vermutlich auch nicht. Ich danke euch für die vielen Impulse! Anne-Luise Lübbe ist meine Inspiration für Körperakzeptanz. Du lebst das mit jeder Pore – ohne dich hätte ich das theoretische Konzept nicht so schnell ganz selbstverständlich leben können. Kathrin Gärtner danke ich für deine Youtube-Serie zum Thema „Scham" – vieles, was ich vorher nur fühlte, wurde mir durch diese Gespräche erst klar. 1992 habe ich den Feminismus entdeckt. Vielen Dank an Annette Schmidt, Ute Urbon und Nicola Wreford-Howard für viele, viele gute Gespräche damals.

Den Nähbloggerinnen rund um den Me-Made-Mittwoch und die AnNäherung in Bielefeld danke ich für viele Jahre des Austauschs über die Blogs und die dazugehörigen Kommentare. Ich fand es wunderbar, wie wir uns gemeinsam weiterentwickelt haben.

Marit Alke habe ich zu verdanken, dass sich *crafteln* so gut und nachhaltig entwickelt, dass ich nebenher Bücher schreiben kann. Vielen Dank auch an Franz Grieser, der mir in der Endphase des Buches digital die Hand hielt. Ines Hilpert-Kruck fehlt auch in keiner Danksagung meiner Bücher: Dieses Mal hast du mir einen wirklich wertvollen Gedanken geschenkt. Ich bewundere dich für deinen Mut, dein ganz eigenes Ding beim Selbermachen zu machen.

Zuletzt danke ich noch meinen Eltern, die mich immer dabei unterstützten, Neues zu denken, anders zu sein und Bühnen zu nutzen. Es ist nicht der leichteste Weg, aber ich kann mir nichts anderes vorstellen. Vielen Dank auch für euer Vorbild, Bücher zu lieben.

So viele Menschen unterstützten mich und meine Ideen. Ich bin glücklich und dankbar dafür.

Hamburg im März 2022 Meike Rensch-Bergner

Download: Den Faden aufnehmen

Wir machen es einfach selbst und verändern die Welt nach unseren Vorstellungen. Gemeinsam können wir es schaffen! Nehmen wir das bewährte feministische Motto „bildet Banden“ auf und sorgen wir dafür, dass wir einander erkennen.

Meine Idee dazu: Lasst uns Stofftaschen besticken! Vier Motive mit Zitaten aus diesem Buch habe ich für euch zum kostenlosen Download. Nutzen wir die traditionsreiche, weiblich konnotierte Technik auf moderne Art, so wie sie im englischsprachigen Raum als *feminist embroidery* praktiziert wird, und geben ihr eigene Hashtags.

Nehmt den Faden auf, bildet Banden und zeigt eure bestickten Einkaufsbeutel, Sofakissen oder Kleidungsstücke mit den Hashtags `#wutsticken` und `#abschaffungderproblemzonen` bei Instagram und Twitter.

Kostenloser Download der Stickvorlagen

Der Idealkörper ist das Symbol für alles, was von Frauen erwartet wird.

Die Revolution findet an der Nähmaschine statt.

Kleidung ist die Chance, einen anderen Menschen aus uns zu machen.

`www.abschaffungderproblemzonen.de/sticken`

`www.texte-und-textilien.de/geschenke`